LE BAC EN TÊTE

LA FRANCE DANS LA SECONDE GUERRE MONDIALE

Gérard VIAL

ellipses

Histoire

DANS LA COLLECTION « LE BAC EN TÊTE »

Série « Histoire »

– *L'Après-guerre, bilan et enjeux,* Corinne Desfachelle-Krajewski
– *La France depuis 1945 : économie, société, culture,* Christian Bonnet
– *La Guerre froide, 1945-1991,* Bruno Houel

Série « Géographie »

– *Agriculture et développement en Amérique latine*, Robert Chapuis
– *L'Allemagne, territoire et économie,* Françoise Michot
– *L'espace mondial : pôles de développement et périphéries,* Jean-Pierre Paulet
– *Le Japon, territoire et économie,* Laurent Porcheret
– *Les États-Unis, territoire et économie,* Jacques Heude
– *Les grandes divisions du Monde : politiques et civilisations,* Antoine Godbert
– *Les grandes villes d'Afrique,* Philippe Vonthron et Didier Tribout
– *Peuplement et territoire en Russie,* Joseph Martinetti
– *Population et développement en Inde*, Jean-Jacques Fénié

ISBN 2-7298-9863-8

AVANT-PROPOS

Au changement de millénaire, la Seconde guerre mondiale, qui a pesé sur toute la deuxième moitié du XXe siècle, est en train de s'estomper dans l'histoire. Les candidats bacheliers d'aujourd'hui n'ont bien entendu aucun souvenir personnel de la guerre, et leurs parents pas davantage. Pourtant, des séquelles du conflit occupent encore souvent les gros titres des médias. Le but de cet ouvrage est donc d'offrir, d'une façon structurée comme en dissertation, aux futurs bacheliers et aux étudiants du premier cycle universitaire, les connaissances essentielles pour mieux comprendre cette période difficile.

La France dans la Seconde Guerre mondiale est présentée ici en trois grandes parties : la « France vaincue », la « France soumise » et la « France combattante ».

La « France vaincue » débute par un tableau du pays en 1939 (ch. 1), sujet type de dissertation, destiné à expliquer comment, par une série d'abandons et d'imprévoyances, la nation s'est laissée dominer dans presque tous les domaines, et engage le combat en position de faiblesse.

Le chapitre 2, la « Drôle de guerre », qui ne fera peut-être pas l'objet d'un sujet spécifique, peut s'intégrer dans une perspective plus large, et montre les origines de la défaite qui suit. Cette « débâcle » (ch. 3), qu'un candidat à l'examen doit connaître dans ses grandes lignes, donne lieu à un débat de fond : Fallait-il ou non demander l'armistice ?

La « France soumise » est celle de ceux qui préfèrent composer avec le vainqueur, et sont entraînés à une vassalisation toujours plus grande. Ils sont donc « soumis » au Reich et, comme ils profitent de la défaite pour abolir la démocratie, ils « soumettent » le peuple français, attaché à certaines valeurs. Le chapitre 4, le « régime de Vichy », montre les origines du nouveau pouvoir (refus de 1789, rejet de la déchristianisation, antisémitisme réveillé par l'affaire Dreyfus,...), la suppression de la République, et la mise en place d'une dictature raciste et xénophobe. La « Révolution Nationale » (ch. 5) étudie les réformes vichystes, vite entravées par les événements. Quant au chapitre 6 (la Collaboration) il soulève le problème le plus délicat sur cette période, celui qui alimente encore maintes polémiques. Il s'agit ici d'apporter quelques éléments, afin que dans les devoirs les étudiants aillent un peu plus loin que les clichés présentant soit un « Vichy bloc homogène de traîtres fascisants », soit un « Vichy modéré entraîné malgré lui sur une pente glissante ». Le chapitre 7 évoque une autre « France soumise », celle des Français aux prises avec la dureté des temps.

La « France combattante » est celle de tous ceux qui rejettent défaite et soumission. C'est d'abord la « France libre » (ch. 8), née de l'action du Général De Gaulle, qui réussit à se transformer en un véritable pouvoir, capable de diriger le pays à la fin de 1944, tout en ayant pesé suffisamment dans les combats pour que la France figure aux côtés des Alliés à la fin de la guerre. Mais c'est aussi la « Résistance intérieure » (ch. 9), née de volontés éparses, structurée peu à peu malgré ses divisions, et qui joue un grand rôle dans la défaite allemande. Le livre s'achève sur la « Libération » (ch. 10), sur les combats des Français anonymes, sur ceux de l'armée ressuscitée, et sur l'action politique du GPRF, qui assure le lien avec la France de l'Après-guerre, objet d'un autre ouvrage de la collection.

Important : Les mots suivis d'un astérisque* sont définis dans le glossaire à la fin de l'ouvrage.

Partie I

LA FRANCE VAINCUE

1

LA FRANCE EN 1939

Évoquer « la France en 1939 » revient à étudier, avec la déclaration de guerre, l'état du pays quand s'ouvre le conflit, en le comparant à son adversaire principal, l'Allemagne. Or, beaucoup de paramètres sont en défaveur de la France, ce qui explique en partie la défaite.

I – DE PROFONDES FAIBLESSES STRUCTURELLES

A – Une économie poussive

1 – La France présente des archaïsmes : son agriculture (37 % des actifs) reste routinière, et, pour son approvisionnement, le pays compte sur les colonies et les importations, position difficile en cas de guerre, tandis que l'Allemagne pratique rationnement et autarcie depuis 1936. L'industrie reste aux mains de petites entreprises peu dynamiques et peu novatrices, et même les grandes firmes françaises sont de taille modeste face aux cartels allemands (la capitalisation boursière de Saint-Gobain n'est que le quinzième de celle d'I.G. Farben).

2 – La production est souvent inférieure à celle du Reich : près de 4 fois pour la houille et l'acier, de moitié pour les automobiles, et, dans le domaine de l'armement, la supériorité allemande est écrasante.

3 – La France, touchée par la crise de 1929, n'est pas encore remise : la production n'a pas retrouvé le niveau de 1930, la balance des paiements reste négative, tandis que 20 % des exportations se font dans les colonies. Le Reich, à l'inverse, a accru sa production de 24 % depuis 1931, avec une balance largement positive.

B – Une démographie languissante

1 – Les « classes creuses » liées au déficit de naissances pendant la Première guerre mondiale arrivant à l'âge du mariage, la France présente,

à partir de 1935, un accroissement naturel négatif (taux de natalité = 14,5‰, taux de mortalité = 15,5‰), malthusianisme aggravé par les difficultés économiques.

2 – Les moins de vingt ans ne représentant plus que 30 % de la population, l'armée française est donc plus « vieille » que l'allemande, et doit compter sur ses troupes coloniales. La France ne maintient sa main d'œuvre que grâce à l'immigration : pour 42 millions d'habitants, la moitié de la population du Reich de 1939, elle compte 2,2 millions d'étrangers.

C – Un système politique déconsidéré

1 – Proclamée le 4 septembre 1870, la IIIe République, organisée par les lois constitutionnelles de 1875, est un régime discuté. Le pouvoir exécutif y est faible, d'autant plus que Lebrun*, président de la République depuis 1931, est très effacé. Les gouvernements, dont la durée moyenne est de six mois, peuvent être renversés facilement par les députés, et sont obligés à toutes les compromissions. Accepté par l'assemblée du Front Populaire, élue en 1936 avec deux tiers de députés de gauche, le gouvernement Daladier*, à la coloration radicale et modérée, dure depuis avril 1938.

2 – Si beaucoup réclament des modifications constitutionnelles, des groupes s'en prennent directement au régime, qu'ils ont failli renverser lors des émeutes du 6 février 1934. « L'Action Française » est royaliste, « Les Ligues » rêvent d'un régime autoritaire de type fasciste, et, depuis 1935, certains appellent à une dictature du Maréchal Pétain*. Face à cette république fragile, se dresse la dictature nazie, soutenue, en 1939, par une majorité des Allemands.

II – UNE POSITION STRATÉGIQUE COMPROMISE

A – La perte des garanties du Traité de Versailles

1 – Signé le 28 juin 1919, le Traité accordait à la France des « Réparations », dont le montant fut fixé au début des années 20. En 1923, les Français avaient occupé la Ruhr pour obtenir leur versement. Mais ils ont par la suite accepté les plans Dawes (1924), et Young (1929), qui aménageaient la dette allemande, sa suspension par le

« Moratoire Hoover » de 1931, et sa suppression, à la Conférence de Lausanne, en 1932.

2 – La France à laissé réarmer l'Allemagne, clandestinement, puis, après la fin des contrôles en 1927, de plus en plus ouvertement. Après l'échec de conférences sur le désarmement en 1933, elle s'est contentée de protestations, même lorsque les Anglais ont accepté la renaissance de la « Kriegsmarine » (accord naval anglo-allemand de 1935), et lorsque Hitler a rétabli le service militaire en mars 1935.

3 – Elle a, malgré la menace allemande croissante, mais comme prévu par le Traité, retiré ses troupes de la zone tampon de Rhénanie, sa meilleure sécurité, entre 1925 et 1930. Le 13 janvier 1935, lorsque les Sarrois eurent à choisir entre France et Allemagne, le gouvernement français s'abstint d'influencer le vote, laissant le Reich déchaîner sa propagande et présenter le résultat (88 % pour l'Allemagne) comme une grande victoire.

4 – Le 7 mars 1936, Hitler a remilitarisé la Rhénanie, en violation du Traité de Versailles, et débuté la construction d'une ligne fortifiée sur la frontière française, la « Ligne Siegfried ». La France s'est contentée de molles protestations, n'a pas osé intervenir militairement, alors que l'équilibre des forces était encore en sa faveur. Il en est de même lorsque Hitler annexe l'Autriche, toujours en violation des traités, le 12 mars 1938. D'autant qu'Hitler déclenche habilement ses actions en période électorale…

B – La décomposition des alliances françaises

1 – La France avait établi un « Cordon Sanitaire » autour de l'Allemagne, par des accords avec la Belgique (1920), la Pologne (1921), la Tchécoslovaquie (1924) et la Roumanie (1926). Elle avait aussi favorisé des accords entre ses satellites d'Europe Centrale : c'était la « Petite Entente ».

2 – À partir de 1926, la France a laissé l'Italie fasciste s'immiscer en Europe Centrale (accords italo-roumain, italo-albanais, italo-hongrois). Après que Briand, homme de paix, ait signé le Pacte de Locarno en 1925, où plusieurs pays, dont l'Allemagne, reconnaissaient les frontières de leurs partenaires, elle a laissé Berlin signer des accords avec l'URSS et la

Pologne. La France a même parrainé l'entrée de l'Allemagne à la SDN en 1926…

3 – Après 1935, Hitler a réussi à détacher l'Italie des démocraties : « Axe Rome-Berlin », en 1936, « Pacte Antikomintern » (avec le Japon puis l'Espagne), « Pacte d'Acier », en mai 1939. Le 23 août 1939, l'URSS, que la France courtisait depuis 1935, (date de la signature d'un vague pacte franco-soviétique) signe le « Pacte germano-soviétique » avec partage secret de la Pologne.

4 – En 1938, outre la Grande-Bretagne, la France ne peut plus compter que sur la Tchécoslovaquie. Mais après des revendications de Hitler sur le territoire tchèque des « Sudètes », où vivent de fortes minorités allemandes, elle cède, pour éviter la guerre, à la Conférence de Munich, le 29 septembre 1938. D'où l'expression « esprit munichois » pour qualifier qui recule devant les menaces nazies. Les Sudètes et leurs fortifications sont cédées au Reich, et l'armée tchèque se décompose : en mars 1939, Hitler occupe sans combat et sans réaction française la région de Prague.

III – LA FRANCE EN GUERRE

A – La déclaration de guerre

1 – Le gouvernement français, qui n'a pas défendu son allié tchèque, va cependant se porter au secours de la Pologne, qui, sous l'impulsion de Beck, son ministre des Affaires Étrangères, cherche à se rapprocher de l'Allemagne depuis 1926. Dès mars 1939, Hitler a multiplié les critiques envers les Polonais, réclamant la « ville libre » de Dantzig (sous mandat de la Société des Nations), et le « Corridor », territoire polonais qui coupait le Reich en deux. Tout en mobilisant ses troupes (l'ordre d'attaquer le 1er septembre date du 3 avril 1939), l'Allemagne s'assure la complicité soviétique le 23 août.

2 – La France essaie encore de négocier, lorsque la Grande-Bretagne, décidée à ne plus reculer, donne sa garantie à Varsovie le 25 août 1939. La mobilisation française, commencée mollement le 25 août, est simplement accélérée (affichage le 2 septembre), et des crédits sont votés par la Chambre, non pour « la guerre », mais pour « faire face à la situation internationale ». Daladier croit encore à la médiation italienne lorsque

Londres déclare la guerre à Berlin le 3 septembre à 11 heures. La France suit, à 17 heures. Contrairement à ce qu'exige la constitution, le Parlement n'a pas été consulté.

B – Les forces en présence

1 – En nombre, les Alliés sont un peu supérieurs aux Allemands (110 divisions contre 103, 2,8 millions d'hommes contre 2,6), mais l'équipement et l'état d'esprit sont en leur défaveur. Commandés par le timoré Gamelin*, ils sont encore crispés sur les conceptions de 1918, et retranchés derrière la « Ligne Maginot ».

2 – L'artillerie franco-anglaise peut faire illusion, mais les chars, en nombre équivalent à ceux du Reich (environ 3 000), sont disséminés, voués au seul appui des fantassins. Les « Panzerdivisionen » allemandes sont au contraire autonomes et très mobiles, et s'aguerrissent contre la Pologne. Le Colonel De Gaulle*, prônant la création de divisions blindées, avait réussi à y intéresser Reynaud* en 1937. Mais, après la publication de livres jugés iconoclastes (« Au fil de l'épée » en 1932, « Vers l'armée de métier » en 1934, « la France et son armée » en 1938), De Gaulle a perdu l'appui de Pétain, et n'est plus écouté par le sérail militaro-politique.

3 – La Luftwaffe surpasse largement l'aviation alliée, par le nombre (3 200 appareils contre 2 600), la qualité du matériel, et l'utilisation. Avec le char, dans le cadre du « Blitzkrieg » allemand, l'avion est chargé de terroriser les populations, de désarticuler la troupe ennemie, et de désorganiser ses communications. La domination alliée est par contre écrasante sur mer, et le Reich ne peut compter que sur ses sous-marins (U. Boote) pour briser le blocus, établi dès le 3 septembre.

C – Le début des polémiques

1 – Avant les premiers combats, la controverse fait rage, illustrée par un article de Déat* en mai 1939 : faut-il « mourir pour Dantzig » ? Celui-ci jugeait inopportun d'entrer en guerre sous ce qu'il considérait être la pression anglaise, pour protéger un pays éloigné géographiquement et diplomatiquement. Certains ont d'ailleurs présenté l'Angleterre comme « responsable » de la guerre... Certes, il aurait mieux valu tenter d'arrêter les Nazis, avec davantage de chances de succès, en 1936 ou 1938. Mais fallait-il pour autant céder à Hitler en 1939 ? Il en aurait

vraisemblablement profité pour se renforcer, avant de présenter d'autres exigences…

2 – On ne peut accuser les dirigeants français de s'illusionner sur leurs forces. Dès 1938, Vuillemin, chef de l'aviation, avait prévenu des insuffisances, et on savait que la production des usines d'armement déclinait depuis le début 1939. Mais l'État-major a confiance en la solidité de la Ligne Maginot, pense que le blocus étouffera le Reich, et est certain que la population allemande est au bord de la révolte[1]. On croit à l'alliance avec l'Italie, à une brouille Staline-Hitler, et au matériel venu des États-Unis. Le 20 janvier 1940, l'amiral anglais Keyes pense que « la guerre (peut-être) finie dans six mois »[2].

1. P. de Villelume, *op. cit.*, plusieurs mentions.
2. P. de Villelume, *op. cit.*, p. 163.

2

LA « DRÔLE DE GUERRE »

Après avoir montré que la France de 1939, si elle commence la guerre en état d'infériorité, pense néanmoins avoir des chances de l'emporter, on évoquera la période d'attente, de septembre 1939 à mai 1940, appelée « Drôle de guerre », essentielle pour la compréhension du désastre qui va suivre.

I – LE « FRONT » OUEST

A – L'abandon de la Pologne

1 – Dès le 4 septembre 1939, une offensive pour prendre le Reich à revers était réclamée par les Polonais. Mais l'État-Major français se leurre. Il estime que l'armée polonaise peut aligner quatre-vingts divisions – alors qu'une vingtaine est opérationnelle –, qu'elle est dotée d'une force aérienne et mécanique – alors que Varsovie ne dispose que de quelques chasseurs et chars démodés. Cela face à soixante divisions allemandes dont six blindées, et à une puissante Luftwaffe. Tout à sa stratégie défensive, combinée à une indécision chronique, Gamelin prend prétexte de cette prétendue puissance militaire, puis de l'invasion soviétique en Pologne le 17 septembre, pour abandonner les Polonais.

2 – On ne veut pas croire que les Allemands ne disposent face à la France que d'un rideau de troupes, et on ignore que la ligne Siegfried est inachevée. On pourrait attaquer le Reich par la Belgique, mais la France a promis, le 28 août 1939, de respecter les frontières belges. Les troupes belges sont orientées d'ailleurs face à la France comme face à l'Allemagne. Gamelin se contente donc de lancer une timide offensive en Sarre le 7 septembre, interrompue le 9. Quant à la RAF, elle n'envoie que des tracts sur le Reich, de peur de bombardements de représailles.

B – L'immobilisme

1 – Le 30 septembre, les Français évacuent la Sarre, et quelques derniers observateurs en sont chassés le 16 octobre. Gamelin abandonne même Forbach, en pointe chez l'ennemi. L'activité se limite alors à de rares duels d'artillerie, à de l'observation aérienne, et à la capture de patrouilles. Les Alsaciens et les Lorrains, jugés trop exposés, sont évacués dans le Sud-Ouest, où leurs rapports avec les autochtones, pour des raisons de mode de vie et de langue, sont parfois difficiles.

2 – Sur le terrain, un « modus vivendi » s'établit, chacun évitant toute provocation. On verra même des officiers se plaindre à l'ennemi de ce que l'on a tiré sur leurs hommes ! Mais, contrairement à la Première guerre mondiale, les cas de fraternisation sont rarissimes.

C – Deux stratégies opposées

1 – La France évite le combat pour limiter les pertes et ne pas rendre la paix impossible. Elle attend des modifications d'alliances, la révolution en Allemagne, les effets du blocus, l'entrée en guerre des Américains, etc. Cette attitude passive et timorée n'aurait de sens qu'avec un adversaire dans le même état d'esprit.

2 – Or le Reich guette sa proie, attend l'occasion favorable, retardée à l'automne par la pluie, puis par un hiver rigoureux. En mars 1940, Hitler a l'intuition d'accepter le plan proposé par le général Von Manstein, consistant à percer à Sedan dans le dos d'une armée française attirée aux Pays-Bas. Et, tandis que les Français sombrent dans l'ennui, les Allemands fignolent leur dispositif.

II – LES CONFLITS PÉRIPHÉRIQUES

A – La guerre sur mer

1 – Attentistes sur terre, les Alliés sont très actifs sur mer. La guerre navale permet le blocus du Reich, est une riposte aux accusations d'immobilisme, et assure de faciles victoires, compte tenu de l'immense supériorité alliée. Comme le prétend une fameuse affiche du printemps 1940, montrant les empires coloniaux français et anglais et les mers en leur pouvoir : « Nous vaincrons parce que nous sommes les plus forts ».

2 – Tandis que les U. Boote coulent les premiers navires alliés (le paquebot Athenia le 3 septembre à 21 heures), la flotte française, puissante et moderne, commandée par l'amiral Darlan*, seconde les Anglais dans la chasse aux navires allemands. Les épisodes les plus fameux sont la destruction du « Graf Spee », en Amérique du sud, le 17 décembre 1939, et la capture, près de la Norvège, en février 1940, de « l'Altmark », transportant des marins anglais prisonniers.

B – Des projets avortés

1 – Réédition d'opérations de la Première guerre mondiale, un projet d'attaque par les Balkans et le port grec de Salonique est mis sur pied, et une « armée du Levant » constituée, sous les ordres de Weygand*. Mais la crainte d'indisposer l'Italie et nos lacunes en matériel font échouer le projet. On évoque même une attaque franco-turque contre l'URSS, et le bombardement des puits de pétrole du Caucase.

2 – Le 30 novembre 1939, l'URSS attaque la Finlande. Le 19 décembre, il est question d'aider les Finlandais, puisque les Soviétiques sont alliés à Hitler. Daladier craint également que Russes et Allemands mettent la main sur les mines de fer suédois, rendant caduc le blocus. Mais on multiplie les tergiversations : on envisage d'envoyer des Polonais, des « volontaires », d'avoir l'appui de la SDN, et on prépare très lentement le corps expéditionnaire du général Audet, qui se trouve encore à l'entraînement lorsque la Finlande se plie aux conditions soviétiques, le 12 mars 1940.

C – La guerre en Norvège

1 – Le 9 avril 1940, les Allemands attaquent Danemark et Norvège. Leur but est de contrôler le port de Narvik, par où transite le fer suédois. Hitler a également voulu éviter un débarquement allié, en cours de préparation, et la pose de mines sur la « Route du fer », commencée le 7 avril.

2 – Une vive tension franco-britannique a lieu pour l'organisation du débarquement en Norvège. À la mi-avril, les Alliés prennent pied dans les ports norvégiens (général Audet à Namsos, général Paget à Andalsnes), mais sont repoussés. Le 28 mai, les troupes du général Bethouart prendront Narvik, mais, compte tenu de l'écroulement de la France, devront réembarquer le 7 juin.

III – L'ÉVOLUTION INTÉRIEURE DE LA FRANCE

A – La dégradation de l'opinion publique

1 – Si, contrairement au tableau dressé par la propagande, les Français étaient, en majorité, entrés en guerre sans enthousiasme en 1914, ils montrent encore moins de motivation en 1939. Ils perçoivent mal pourquoi ils font la guerre, ce que souligne la propagande ennemie. Certains vont jusqu'à accuser l'Angleterre d'utiliser les Français comme chair à canon ! Un courant pacifiste puissant traverse toute la société, pourtant les hommes font leur devoir, et il y a peu de désertions.

2 – Mais la « Drôle de guerre » sape le moral des combattants et de l'arrière, et les mobilisés ont l'impression de perdre leur temps. On proteste contre le rationnement, le couvre-feu, la libération de certaines catégories d'ouvriers, l'absence de permissions pour les vendanges, etc. Dans l'hiver 1940, on note, de-ci de-là, des attitudes « anti-nationales » : refus d'obéissance, colportage de fausses nouvelles…

B – L'interdiction du Parti communiste

1 – L'URSS étant alliée d'Hitler, quelques communistes appellent à la « fraternisation » avec le Reich, et se livrent à des actes comme le sabotage de matériel militaire. Pour eux, la guerre est un acte d'impérialisme et une agression contre l'URSS. Beaucoup de communistes réprouvent cette attitude, et la menace que fait peser le PC reste modeste.

2 – Mais l'opinion, outrée par les attaques soviétiques contre la Pologne et la Finlande, a trouvé un bouc émissaire, certains jetant l'opprobre également sur le Front Populaire, et même sur la République. Quant au gouvernement, la lutte contre le PC fait oublier ses hésitations, tout en permettant d'éliminer quelques opposants. La répression tombe sur la presse communiste, puis sur le parti, dissout le 26 septembre 1939, et enfin sur les hommes (emprisonnements, éviction des députés etc.). Maurice Thorez, secrétaire général du PC, déserte et se réfugie à Moscou.

C – La réorganisation des forces politiques

1 – Les vieux clivages commencent à céder la place à ce qui deviendra la césure entre Vichystes et Résistants. Une partie du personnel politique, anti-communiste, antisémite souvent, en général munichois en 1938, anglophobe, prône l'attentisme dans les combats et la négociation avec

l'Axe. Une frange de cette tendance espère d'ailleurs que la République ne résistera pas à cette guerre mal engagée. Les autres veulent réellement lutter contre un danger nouveau, et voient la France comme l'avant-garde de la démocratie.

2 – Cette dernière tendance semble l'emporter le 19 mars 1940. Accusé de mollesse dans l'affaire de Finlande par Chichery, un futur ministre de Pétain, Daladier perd la confiance des députés. Reynaud, de centre-droit, lui succède avec un ministère élargi jusqu'aux Socialistes, approuvé à une seule voix de majorité. Daladier, resté ministre de la guerre, continue à protéger Gamelin. Le 9 mai 1940, Reynaud, décidé à changer de généralissime, est poussé à la démission par Daladier. En théorie, le matin du 10 mai, la France n'a plus ni gouvernement ni général en chef.

3

MAI-JUIN 1940, LA DÉBÂCLE

Ayant engagé la guerre en position d'infériorité, la France a sombré dans l'immobilisme au lieu de profiter du sursis de la « Drôle de guerre ». Après une attaque brutale, le 10 mai 1940, elle s'écroulera en deux phases : un mois de combats courageux, puis 3 semaines de décomposition, suivies d'un armistice.

I – 10 MAI-5 JUIN 1940 : LA PERCÉE ALLEMANDE

A – La réussite du Plan Manstein

1 – Le 10 mai 1940, à l'aube, « l'offensive de fixation » allemande commence. Des parachutistes tombent sur les Pays-Bas, suivis, ainsi qu'en Belgique et au Luxembourg, par la Wehrmacht. Tandis que Churchill forme un ministère à Londres, Reynaud reprend sa démission et confirme Gamelin dans ses fonctions. Dans la matinée, l'armée française entre en Belgique. La Luftwaffe détruit au sol le quart de nos avions, tandis que des bombes tombent sur Nancy, Lille, Clermont, Saint-Étienne, etc. Les premiers réfugiés belges, luxembourgeois et français prennent la route du sud, effrayés par les combats sur la Dyle, entre Namur et Anvers.

2 – Dans la région de Sedan, à l'articulation entre la Ligne Maginot et les troupes avançant en Belgique, se trouve la forêt montagneuse des Ardennes, et le Val de Meuse, très encaissé. L'État-Major français juge le secteur infranchissable et, le 8 avril, le général Huntziger* prétendait qu'« il n'y [a] aucune mesure urgente à prendre [à] Sedan »[3]. On a donc confié le secteur aux IXe et IIe armées (généraux Corap et Huntziger),

3. P. Miquel, *La Seconde Guerre mondiale*, p. 41.

mal équipées, sans DCA, sans armes anti-chars, avec des effectifs peu nombreux, souvent de réservistes.

3 – En face, les Allemands ont massé trois Panzerdivisionen commandées par Guderian, suivies d'une masse compacte de fantassins. Les maigres troupes belges (les « Chasseurs ardennais ») sont vite bousculées, et les Allemands pénètrent, le 13 mai, en territoire français. L'aviation et l'artillerie françaises sont balayées, la Meuse est franchie sur des canots pneumatiques. Des ponts sont fabriqués pour les chars, qui passent le fleuve le 14. L'armée française se disloque et, sans réserves sur place, Gamelin et Georges, son adjoint, ne peuvent monter une contre-attaque. Les 17 et 18 mai, le corps blindé de De Gaulle, constitué depuis l'arrivée de Reynaud au pouvoir, ne ralentit qu'à peine les Panzers à Montcornet.

B – L'encerclement des armées du Nord

1 – Le 15 mai, Reynaud déclare à Churchill : « la route de Paris est ouverte ; la bataille est perdue[4] ». Mais les Panzers foncent vers la Manche. Ils sont à Abbeville le 20 mai, la nasse se ferme autour des armées alliées de Belgique. Le 23 mai, les Allemands prennent Boulogne, le 25 mai Calais, principaux liens avec les 450 000 hommes encerclés.

2 – Le 20 mai, Reynaud confie le commandement des troupes à Weygand, rappelé du Liban, qui, venu en Belgique le 21, trouve une situation catastrophique : les Hollandais ont capitulé le 15 mai, Français, Belges et Anglais mènent la guerre chacun à sa façon, au milieu de 800 000 civils affolés. Une tentative pour briser l'encerclement échoue et la Belgique capitule le 28 mai.

C – L'opération Dynamo

1 – Dunkerque est le dernier port aux mains des encerclés. Dès le 25 mai, les Anglais préparent l'évacuation, acceptée par les Français après la chute de Lille, le 1er juin. À partir du 28 mai, des navires de tous tonnages, de tous pays, font la navette entre Dunkerque et l'Angleterre (opération Dynamo).

2 – Tandis que les Panzers sont à 15 km de Dunkerque, Hitler leur donne, le 24 mai, l'ordre de s'arrêter, et décide, contre l'avis de son état-major, que « Dunkerque doit être laissé à l'aviation ». Décision obscure.

---

4. P. Miquel, *idem*, p. 109.

Voulait-il donner à Goering* et à la Luftwaffe l'occasion de s'illustrer ? Voulait-il ménager ses chars avant l'attaque décisive contre la France ? Voulait-il épargner les Anglais pour les pousser à négocier ?

3 – Abandonnant leur matériel et les 40 000 défenseurs du port, qui se rendent le 4 juin, 200 000 Anglais et 130 000 Français ont pu gagner l'Angleterre, ce que certains présentent comme un succès. Mais la solidarité alliée est mise à mal, les Britanniques étant accusés d'avoir favorisé leurs hommes et économisé la RAF dans le ciel de Dunkerque.

II – 5 JUIN-25 JUIN 1940 : L'ÉCROULEMENT

A – Les dernières illusions

1 – Weygand a rétabli un front continu sur la Somme et sur l'Aisne, et aligne une soixantaine de divisions, de valeur inégale, dépourvues de chars, de matériel, face à des Allemands tout auréolés de leurs premières victoires. Le généralissime songe à l'armistice depuis le 25 mai, et prévient le gouvernement que cette bataille sera la dernière.

2 – Reynaud a pris des mesures politiques pour soutenir la lutte. Pétain est nommé vice-président du Conseil le 18 mai, et même s'il commence aussi à évoquer l'armistice, sa présence rassure. Mandel*, devenu ministre de l'Intérieur, tente de canaliser les réfugiés et de lutter contre les espions allemands (« la Cinquième Colonne »). Le 6 juin, Daladier est ministre des Affaires étrangères, et évincé de la conduite des combats. De Gaulle, promu général à titre temporaire, devient sous-secrétaire d'État à la Défense Nationale. À la propagande, le timide Giraudoux est remplacé par Prouvost. « Maintenant, nos dirigeants sont à la hauteur » dit un fantassin anonyme[5].

3 – Reynaud compte sur l'aide des Anglais, avec qui il a signé, le 28 mars 1940, un accord excluant armistice ou paix séparés. Mais Churchill est avare de sa RAF, et ses autres moyens sont dérisoires. Reynaud multiplie donc les contacts avec les États-Unis, crispés dans leur isolationnisme, malgré la sympathie pour les démocraties de leur président, Roosevelt.

5. P. Miquel, *idem*, p. 135.

B – La « dernière bataille »

1 – Attendue pour le 10, l'attaque allemande débute le 5 juin, à 5 heures. La défense française est courageuse, mais le front cède le 7, au nord de Rouen. Rommel* franchit la Seine le 10, tandis que les Panzers percent en Champagne, et commencent l'encerclement de la Ligne Maginot. Paris est déclarée « ville ouverte » le 11 juin, et les Allemands y entrent le 14. Weygand donne l'ordre de repli, abandonnant les 500 000 hommes de la Ligne Maginot, dont certains continueront le combat jusqu'au 1er juillet.

2 – Le 10 juin, Mussolini a déclaré la guerre à la France, « volant au secours de la victoire » allemande. Mais l'armée des Alpes (général Olry, 85 000 hommes) contient fermement 300 000 Italiens.

C – La débâcle

1 – Vers le 15 juin, c'est la fin de la lutte cohérente. Les Allemands franchissent la Loire le 16, prennent Brest le 19. Le 23, ils sont à Angoulême et Valence. Les actes d'héroïsme français se multiplient, comme celui des élèves officiers de Saumur qui se sacrifient sur la Loire. Mais ils côtoient l'indiscipline, le pillage, et les redditions massives. Les Allemands ont du mal à surveiller leurs trop nombreux captifs, et les évasions sont faciles (Leclerc*, Malraux*...). Cependant, la majorité des prisonniers se résigne, croyant à la paix et à la libération prochaine.

2 – Six millions de civils se ruent vers le sud, harcelés par les Stukas. Cet exode gêne les derniers combattants, et vide les magasins. Tout l'appareil d'État se décompose, et le traumatisme est profond. C'est pourquoi on attachera le plus grand crédit à la première voix qui promettra paix et retour à la normale.

III – L'ARMISTICE

A – Le débat

1 – Le gouvernement a quitté Paris pour Tours le 10 juin, tandis que le Grand Quartier Général se rend à Briare, près d'Orléans. C'est dans les châteaux du Val de Loire que s'opposent Anglais et Français, partisans et adversaires de l'armistice. Weygand, Pétain, et quelques ministres, pensent que la France va être écrasée, et que l'Afrique du Nord sera rapide-

ment envahie. Le pays se résumerait à sa flotte et quelques possessions lointaines, sa population à la merci du vainqueur. « Je resterai parmi le peuple français pour partager ses souffrances » dit Pétain le 13 juin[6]. Les tenants de l'Armistice considèrent qu'ils ne peuvent compter ni sur l'Angleterre ni sur les États-Unis. Pour eux, c'est aux politiques qui ont engagé la France dans la guerre, de l'en sortir par la négociation. Les militaires refusent la capitulation, contraire à l'honneur, et réclament l'armistice, accord d'égal à égal.

2 – Reynaud, De Gaulle, Mandel, veulent d'abord résister dans un « réduit breton », que l'on tente d'organiser depuis le 29 mai, mais où on ne trouve que de maigres troupes en déroute, puis en Afrique du Nord, et plus loin éventuellement. Il pense que la guerre va devenir mondiale et économique, et ils analysent que l'Allemagne, à terme, ne peut que la perdre. Quant au reproche d'être un gouvernement isolé loin du pays, ils font remarquer que les Pays-Bas, la Pologne et la Belgique, après avoir capitulé, ont des gouvernements à Londres.

B – Le gouvernement Pétain

1 – Le 14 juin, ces hommes qui ont à prendre une décision capitale se trouvent à Bordeaux. Malgré l'opposition de 10 ministres sur 24, la détermination de Reynaud reste forte. Il adresse un pathétique appel à Roosevelt, qui ne répond que par de belles paroles. Le 16 juin, en accord avec Churchill, il propose la fusion en un seul pays de la France et de l'Angleterre. Ainsi, seule une partie du nouvel État serait occupée, et son gouvernement, à Londres, serait parfaitement légitime. Face au refus des ministres, il propose le transfert de l'armée en Afrique du Nord.

2 – Pétain obtient la démission de Reynaud après un Conseil des Ministres dramatique et houleux. À 22 heures, le 16 juin, il devient le 107e et dernier président du Conseil de la IIIe République. Son gouvernement comprend les partisans de l'armistice mais aussi quelques modérés, et même des Socialistes.

C – La signature de l'armistice

1 – À 24 heures, le 16 juin, Pétain fait demander à Hitler, par l'ambassadeur d'Espagne, les conditions de l'armistice. Le 17 juin, il pro-

6. R. Aron, *op. cit.*, p. 21.

nonce un discours où il affirme sa volonté de protéger les Français (« je fais à la France le don de ma personne ») et celle de conclure l'armistice (« c'est le cœur serré que je vous dis (...) qu'il faut cesser le combat »). Trop ambiguë, cette phrase est prise pour l'ordre immédiat de déposer les armes. Le nombre de prisonniers et l'avance allemande s'en trouvent augmentés.

2 – Attendant la réponse allemande, Pétain prend tout de même des mesures pour éventuellement continuer la lutte. La flotte, que l'on a décidé de ne pas livrer, se met à l'abri (évasion du « Jean Bart » de Saint Nazaire, et du « Richelieu » de Brest), des avions passent en Afrique du Nord, le « Massilia » se tient prêt à appareiller avec les députés. Mais ce paquebot n'emportera qu'une trentaine de parlementaires (dont Mandel, Mendès-France et Daladier).

3 – Le 19 juin, une délégation se rend à Rethondes, dans le wagon où l'Allemagne avait signé l'armistice le 11 novembre 1918. Huntziger, son chef, communique les conditions au gouvernement le 21 juin au soir. La convention présentée par Hitler lui-même est signée le 22, et un autre armistice, très anodin, est signé avec l'Italie le 24. Les combats cessent le 25 juin, à 0 h 35.

Partie II

LA FRANCE SOUMISE

4

LE RÉGIME DE VICHY

Fin juin 1940, la France est vaincue et rares sont ceux qui refusent la défaite. Le pays va être soumis à son vainqueur et à ses principes, et tout d'abord les Français voient supprimer leur système démocratique.

I – LES FONDEMENTS

A – Supprimer la IIIe République ?

1 – Le changement de régime n'est pas prévu par l'Armistice, et n'est pas imposé par les Allemands. On peut même penser qu'ils voient d'un mauvais œil un régime « fort » à la place d'une république fragile et vaincue. Le 17 août 1940, Abetz* informait ses services que « tout doit être entrepris… pour amener l'affaiblissement de la France »[7].

2 – La modification politique est, par contre, un quasi-consensus en France, où l'on est conscient des limites du régime et de sa responsabilité dans la défaite. Un dirigeant socialiste, Spinasse, proclame, le 18 juin : « Construisons un régime d'autorité », et obtient cette réponse de Blum : « Aucun régime n'a jamais résisté à un désastre pareil »[8]. Lorsque, le 9 juillet, à Vichy, sénateurs et députés discutent du changement de régime, seulement 4 parlementaires s'y opposent.

3 – Il est indispensable de rendre l'autorité à l'exécutif, de supprimer corruption et népotisme, mais certains pensent que Pétain pourrait devenir président d'une République conservée, cumulant éventuellement ses pouvoirs avec ceux de président du Conseil. D'autres proposent de « suspendre la Constitution jusqu'à la Paix ». Mais ces suggestions vont être balayées par les tenants de la dictature.

---

7. G. Bechtel, *op. cit.*, p. 188.
8. P. Miquel, *les Quatre vingt*, p. 48.

B – Établir une dictature ?

1 – Autour de Laval*, agit un groupe qui veut en finir avec le parlementarisme, et établir un régime d'autorité, de type italien ou espagnol. On règle des comptes personnels : Laval déteste l'assemblée du Front Populaire et proclame, le 25 juin : « (elle) m'a vomi, maintenant je vais (la) vomir »[9]. Alibert est aigri de n'avoir jamais pu devenir parlementaire et d'avoir vu rejeter ses propositions de réforme. Le 17 juin, il fait arbitrairement arrêter Mandel, parce qu'il est juif, démocrate, et souhaite continuer la guerre contre l'Allemagne nazie. Cette tendance « lavaliste » trouve un large écho chez les parlementaires, qui pensent pourtant que ces hommes restent partiellement attachés à la démocratie.

2 – Les vrais fascistes français sont peu nombreux, sans soutien du Reich, et les Déat, Doriot*, Darnand*, doivent se contenter d'effrayer les députés dans les rues de Vichy. Le courant monarchiste, incarné par Maurras*, influence de nombreux parlementaires de droite : on veut une France débarrassée de « la Gueuse » (la République), des syndicats, du marxisme, des francs-maçons, redevenue chrétienne, avec un chef omnipotent.

3 – Chez beaucoup traînent des relents antisémites, fréquents dans la société française (témoin l'Affaire Dreyfus) et attisés par la propagande nazie. Les Juifs, nombreux aux postes d'autorité de la République, sont perçus comme responsables de la défaite. On souhaite supprimer le régime qui leur offre l'égalité civile et sociale.

C – Les idées du Maréchal

1 – À 84 ans, par un trait de caractère accentué par l'âge, et après toute une vie de commandement, Pétain aime le pouvoir, refuse de le partager avec des députés (qu'il n'a jamais aimés), ou avec des ministres (qu'il considère comme son état-major). Ses facultés réelles sont difficiles à évaluer. Selon certains témoins, il manque d'énergie et commence à avoir « des absences », d'autres sont au contraire frappés par sa lucidité… Dès l'origine, Vichy est une dictature dans laquelle le dictateur dispose de « plus de pouvoir que Louis XIV », mais se trouverait, par épisodes, faible et influençable.

---

9. R. Paxton, *op. cit.*, p. 37-38.

2 – Pétain, qui n'a jamais eu d'enfant, se considère comme le père, ou même le grand-père des Français. Il aime les enfants, la foule, les gens simples. Amplifié par la propagande, ce comportement donnera du régime une image positive, trompant sur sa véritable nature. Comme l'écrit Leahy* à Roosevelt le 26 août 1941 : « la France (est) entre les mains d'un dictateur qui sera toutefois débonnaire tant que le Maréchal vivra »[10].

3 – Élevé par les religieux, Pétain a fait sienne l'idée de rédemption. Le 13 juin 1940, il déclare : « (il faut) accepter la souffrance (…), la renaissance française sera le fruit de cette souffrance »[11]. Le 1er mars 1941, c'est De Gaulle qui porte ce jugement : « (pour Vichy) la France serait une grande pécheresse (…) qui doit s'abîmer dans l'expiation (…), le salut est dans le repentir, le renoncement et la soumission »[12]. Pétain estime qu'ayant « péché » dans la démocratie, le Front Populaire, responsable de la guerre, la France doit passer par une période d'infériorité avant de renaître meilleure : conception politique étonnante dans l'histoire des dictatures…

II – L'INSTALLATION

A – Le 10 juillet 1940

1 – Le 23 juin, Laval devient vice-président du Conseil, pour être maître d'œuvre du changement de régime. Dès Bordeaux, il commence à influencer les parlementaires, continue lors du passage du pouvoir à Clermont-Ferrand (29 juin-1er juillet), et pendant l'installation à Vichy. Cette ville a été choisie pour les nombreux hôtels, pratiques pour loger les ministères (Pétain s'installe à l'hôtel du Parc), pour son cadre agréable, et pour l'absence de populations ouvrières menaçantes. À l'appel légal du Président de la République, Sénat et Chambre sont convoqués à Vichy, pour changer la Constitution.

2 – Laval s'arrange pour que les passagers du Massilia, souvent hostiles au Maréchal, soient retenus en Afrique. Mandel, qui a tenté de « prendre le pouvoir pour continuer la lutte », est emprisonné. Laval

10. M. Vanino, *op. cit.*, p. 60.
11. R. Aron, *op. cit.*, p. 21.
12. M. Vanino, *op. cit.*, p. 39.

brandit des menaces (un coup d'état de Weygand ou de Doriot serait imminent), use sans doute de corruption, et multiplie les promesses (avantages, pensions…). Les anciens combattants sont persuadés par Vallat, les Radicaux par Chautemps*, la SFIO par Spinasse, les divers-gauche par Bergery. Laval est servi par la vive réaction anglophobe après Mers-El-Kébir : la flotte française d'Afrique du Nord ayant refusé de se joindre à eux, pour ne pas la laisser passer aux mains des Allemands, les Anglais attaquent le 3 juillet 1940, faisant 1 297 tués.

3 – Le 10 juillet 1940, au Casino de Vichy, députés et sénateurs disent oui, par 569 voix contre 80, au texte suivant : « l'Assemblée Nationale donne tous les pouvoirs au gouvernement de la République, sous la signature et l'autorité du Maréchal Pétain, président du Conseil, à l'effet de promulguer par un ou plusieurs actes la nouvelle constitution de l'État Français. Cette constitution devra garantir les droits du Travail, de la Famille et de la Patrie. Elle sera ratifiée par les assemblées qu'elle aura crées ». À part les partisans de De Gaulle, les contemporains jugent cette prise de pouvoir légale, et Vichy semble bien le dépositaire du pouvoir de l'État.

B – Les Actes Constitutionnels

1 – Le 11 juillet, Pétain signe trois « Actes Constitutionnels » qui débutent par « Nous, Philippe Pétain », d'allure très monarchique. Il y supprime de fait la République (la France devient « l'État Français »), se donne les pouvoirs exécutif et législatif, avec le titre de « Chef de l'État » (Actes 1 et 2). Le 13 juillet, il congédie Lebrun, après avoir renvoyé les assemblées la veille (Acte 3).

2 – Le dernier ministère de la IIIe République est dissous le 12 juillet, et un ministère Laval le remplace. Il n'y a plus de « président du Conseil », rôle tenu par le Chef de l'État, mais un « vice-président du Conseil ». Pétain avertit les ministres : « on ne discute plus au conseil »[13]. Par l'Acte 4, Laval devient « successeur » du Maréchal. Ces Actes ne sont pourtant pas « la Constitution » que le vote du 10 juillet a chargé Pétain de préparer, et qui se limitera à de vagues projets élaborés par un « Conseil National » en 1941 et 1942.

---

13. R. Aron, *op. cit.*, p. 167.

C – La réorganisation administrative

1 – En juillet, l'administration est épurée des « étrangers », en août des Francs-Maçons, en septembre des « suspects » politiques, en octobre des Juifs. Le 27 septembre a lieu un vaste mouvement préfectoral, et, en novembre, de nombreux conseillers généraux, d'arrondissement, ou municipaux sont poussés à la démission ou radiés.

2 – Par la loi municipale de novembre 1940, presque tous les anciens élus d'avant-guerre sont remplacés par des édiles nommés. Les « commissions administratives » se substituent aux conseils généraux, et des préfectures régionales sont crées en avril 1941. Entre la disparition des partis politiques, la fin des consultations électorales, et la prestation de serment par bon nombre de fonctionnaires, le régime est bien, en 1941, une véritable dictature.

III – L'ÉVOLUTION DU RÉGIME

A – De juillet 1940 à avril 1942

1 – Vichy jouit encore d'une certaine souveraineté, et les remous politiques sont surtout dus aux humeurs de Pétain ou aux intrigues de couloir. Le gouvernement du 12 juillet 1940 est remanié le 6 septembre pour en éliminer Weygand, qui refuse la Collaboration, et les derniers hommes de la IIIe République.

2 – L'inimitié entre Pétain et Laval croît dès l'automne 1940, quand Laval commence une politique pro-allemande que Pétain réprouve. Le 13 décembre 1940, Laval est chassé du gouvernement et arrêté, à la grande fureur d'Hitler. Le 14 décembre, un ancien parlementaire, Flandin*, est nommé ministre des Affaires Étrangères, mais le Reich refuse de le reconnaître, et obtient la libération de Laval, le 17 décembre.

3 – La pression est telle que Pétain cède, le 9 février 1941. Flandin démissionne, et Darlan devient vice-président du Conseil. La politique française dépend désormais de Berlin. Pour R. Aron, le 9 février est « le tournant décisif de l'histoire de Vichy »[14]. Le ministère Darlan prend ses fonctions le 25 février 1941, et subira 3 remaniements, les 9 juin, 18 juillet, et 11 août.

---

14. R. Aron, *op. cit.*, p. 367.

B – D'avril 1942 à août 1944

1 – Réconcilié avec Pétain, au moins officiellement, le 18 janvier 1941, Laval a pu reprendre une vie publique et il échappe à une tentative d'assassinat le 27 août 1941. En février 1942, les Allemands réclament son retour. Hitler déclare : « selon que le Maréchal chargera ou non M. Laval de former le gouvernement, je jugerai si la France préfère l'amitié des États-Unis ou celle de l'Allemagne »[15]. Le 18 avril 1942, Laval revient au pouvoir.

2 – L'Acte Constitutionnel n° 9 crée le poste de « Chef du gouvernement », chargé de la « direction effective de la politique intérieure et extérieure de la France ». Laval peut mener un semblant de politique indépendante, qui cesse avec l'occupation de la zone libre le 11 novembre 1942 (opération « Anton ») consécutive au débarquement allié en Afrique du Nord le 8 novembre.

3 – Pétain ayant refusé de quitter la France malgré la rupture de l'armistice, Vichy, sans territoire libre, sans flotte (sabordée le 27 novembre 1942 à Toulon), sans armée, sans empire, est totalement à la botte des Nazis. Le 18 novembre, Pétain, par l'Acte Constitutionnel n°12, confie ses derniers pouvoirs à Laval, qui se plie aux exigences allemandes. Rejetant toute idée de démission, le Maréchal accepte, le 30 décembre 1943, l'entrée des ultracollaborateurs au gouvernement : Henriot* à l'information, Darnand au « maintien de l'ordre ». Ils seront rejoints par Déat au « travail », le 16 mars 1944.

C – La fin du régime

1 – Le 6 juin 1944, commence la décomposition du régime de Vichy, le territoire passant aux mains des Alliés ou du maquis, et la plupart des fonctionnaires se rangeant du côté des nouvelles autorités. Venu à Paris, Laval cherche des combinaisons pour offrir le pouvoir à De Gaulle, afin de légitimer Vichy *a posteriori*. Le 19 août, à 22 heures, les Allemands dispersent les ministres et emmènent Laval à Belfort, où il décide de cesser ses fonctions. Le 20 août à l'aube, Pétain est « enlevé » de l'hôtel du Parc et emmené également à Belfort.

---

15. R. Aron, *op. cit.*, p. 484.

2 – Le 7 septembre 1944, les Vichystes sont transportés à Sigmaringen, dans le sud de l'Allemagne. Pétain et Laval se considèrent comme prisonniers, tandis que se crée une « Commission Gouvernementale » qui prétend avoir autorité sur les 2 millions de Français en Allemagne, et organiser la « reconquête » du pays. Début avril 1945, c'est la fin de ce pouvoir d'opérette, décrit dans « D'un château l'autre » par Céline, « réfugié » lui aussi à Sigmaringen.

5

LA RÉVOLUTION NATIONALE

Ayant décidé de changer de régime (ch. 4), après la catastrophe de juin 1940 (ch. 3), le gouvernement de Pétain va se lancer dans ce qu'il présente comme une entreprise de rénovation, la « Révolution Nationale », une « révolution venue d'en-haut ». Mais l'opération tourne au fiasco en 1942. Mise en veilleuse par Laval en 1943, elle se transforme en simple politique au service des Nazis.

I – « TRAVAIL »

A – Les principes

1 – Premier terme de la devise de l'État Français, (« Travail, Famille, Patrie ») le travail est du ressort, jusqu'en 1942, de l'ancien secrétaire général adjoint de la CGT, Belin, rallié à Vichy. Jusqu'au retour de Laval, l'agriculture relève de Pierre Caziot, qui suit les idées du « paysan Pétain ».

2 – Imitateur des régimes autoritaires, décidé à supprimer l'idée marxiste de « lutte des classes », Vichy prône le « corporatisme ». Dans chaque profession, salariés et patrons relèvent d'un organisme unique, dont ils choisissent les chefs, élaborent le mode de fonctionnement, et règlent entre eux leurs conflits. En théorie, comme dans le modèle de l'Italie mussolinienne, l'État n'impose pas sa volonté, se contentant d'arbitrages si nécessaire.

3 – L'agriculture est l'objet de tous les soins du Maréchal, pour qui la France doit « redevenir une nation agricole ». « La terre, elle, ne ment pas » proclame t-il. Loin des tentations de la ville, le paysan français est resté, pour Pétain, le dépositaire de vraies valeurs, honnêteté, fidélité, travail bien fait.

B – Les réalisations

1 – Vichy réussit à remettre rapidement l'économie en route, en recasant 4 millions de réfugiés, en réparant 6 000 ouvrages d'art, en rétablissant les réseaux téléphonique et électrique... La durée du travail est amenée à moins de 40 heures, la main d'œuvre réorganisée, et compte tenu des 2 millions de prisonniers, le chômage disparaît presque complètement.

2 – La loi du 16 août 1940 crée les « Comités d'Organisation », fixant pour chaque branche industrielle la production, la répartition des matières premières, les salaires, les horaires, les prix, etc.. Une loi du 18 septembre 1940 réorganise les sociétés anonymes, et, le 9 novembre 1940, les centrales patronales et syndicales sont supprimées.

3 – Le 4 octobre 1941, la Charte du Travail établit le corporatisme et annule le droit de grève. Le nouveau ministre de la Production Industrielle, Lehideux, met au point un plan de dix ans, qui préfigure ceux d'Après-Guerre. Ces mesures ne seront pas réellement appliquées, patrons et ouvriers ne montrant que peu d'intérêt, et d'autres préoccupations passant au premier plan (répression de la Résistance, pillage par le Reich...).

4 – Le 2 décembre 1940, la Corporation Agricole est mise en place, conservant toutes les coopératives et associations antérieures. Le « retour à la terre » est encouragé, avec formation, distribution des terres, subventions... La loi du 9 mars 1941, en partie conservée à la Libération, développe le « remembrement » (redistribution des terres pour créer des exploitations d'un seul tenant).

C – La vassalisation

1 – En 1942, le Travail passe aux mains de Lagardelle, puis en 1944, dans celles de Déat. La Production Industrielle est confiée à Bichelonne, brillant intellectuel, modèle de ces technocrates modernistes que l'on appelle « Jeunes Cyclistes » à Vichy. Il noue des rapports avec Speer, dirigeant de l'industrie du Reich. Beaucoup d'usines françaises, avec 3 millions de salariés, se mettent au service de l'Allemagne sous le nom de « S. Betriebe ». Elles deviennent la cible des bombardements alliés, avec, par exemple, 623 morts autour des usines Renault, le 3 mars 1942. Le 1er mai 1943, Pétain avouera son échec à des ouvriers réunis à Vichy : « cette

cité d'ordre et de justice que j'avais offerte à votre espérance renaissante est pour vous un malaise et une duperie »[16].

2 – Dirigée en 1942 par Leroy-Ladurie, l'agriculture devient la pourvoyeuse du Reich, sa production payée ou confisquée. La corporation devient l'instrument de l'Occupant, et, en 1944, ce sont des millions de quintaux de céréales, d'hectolitres de vin, et des milliers de tonnes de viande qui partent pour l'Allemagne.

II – « FAMILLE »

A – Les principes

1 – Selon Vichy, le renouveau du pays passe par une démographie dynamique, fruit de familles revenues aux valeurs traditionnelles, longtemps incarnées par le christianisme. Elles sont « dépositaires d'un long passé d'honneur », et doivent oublier les dérives nées de la démocratie, du laïcisme ou de l'influence juive. L'enseignement doit être rénové car les instituteurs, soupçonnés de socialisme et de franc-maçonnerie, n'ont pas su inculquer patriotisme et goût de l'effort. L'enseignement catholique, jugé plus rigoureux, doit être favorisé : l'école est là pour enseigner « le respect des croyances morales et religieuses (...) que la France professe depuis ses origines »[17].

2 – Cette politique, réactionnaire et se référant à une France mythique, est appliquée sous le regard de l'ennemi, et par des hommes souvent éloignés de la morale qu'ils préconisent. Pétain, séducteur notoire, sans enfant, marié tardivement avec une divorcée plus jeune de vingt ans, s'associant avec Laval, modèle de vulgarité, Weygand, né de parents probablement illustres mais adultères, ou Bonnard, ministre de l'Éducation Nationale en 1942, surnommé « Gestapette ».

B – Les réalisations

1 – La Loi du 2 avril 1941 interdit le divorce pendant les trois premières années de mariage, et le rend plus difficile ensuite. Un nombre élevé d'enfants devient un critère d'avancement, et une « politique des mamans » est engagée : fête des mères, diplômes... Le taux de natalité,

16. M. Cointet, *op. cit.*, p. 130.
17. Y. Durand, *op. cit.*, p. 35.

malgré les prisonniers et les privations, s'est nettement redressé en 1944, en partie grâce au STO car en sont exemptés les hommes mariés puis les pères de famille... Mais dans ce système, la place de la femme est au foyer, absente de la vie politique, et si possible du travail salarié.

2 – L'enseignement est épuré par la loi du 17 juillet 1940. Sont éliminés les Francs-Maçons, les Juifs, les communistes, les syndicalistes... Le 20 septembre 1941, les Écoles Normales, perçues comme le creuset de la politisation et laïcisation des jeunes instituteurs, sont supprimées. L'enseignement redevient payant le 15 août 1941 dans le secondaire, considéré comme submergé par les élèves modestes et « mal pensants ». Les programmes sont revus, différents pour garçons et filles, ville et campagne, etc.

3 – Chantant : « Maréchal, nous voilà », la jeunesse est poussée à adhérer à des groupes en uniforme, souvent catholiques. Le mouvement officiel est « les Compagnons de France », « avant-garde de la Révolution Nationale », mais qui ne regroupe que quelques milliers d'actifs, et est fort loin de rivaliser avec ses modèles allemands et italiens.

4 – L'enseignement de la religion devient quasi obligatoire fin 1940 dans l'école publique, tandis que les écoles catholiques reçoivent de fortes subventions. Le 3 septembre 1940, les ordres religieux retrouvent le droit d'enseigner, perdu en 1904, tandis que Vichy rend à l'Église des biens confisqués en 1905, courtise les prélats, et envisage de revenir sur la séparation de l'Église et de l'État.

C – Les tensions

1 – Si une part de ces mesures fait l'unanimité, comme la politique nataliste, la politique antialcoolique (les « licences IV », toujours en vigueur), les Français cessent de croire à la Révolution Nationale en 1942. Ils perçoivent sa dimension réactionnaire, largement soulignée par la Résistance, boudent ses cérémonies un peu ridicules, et réprouvent ses similitudes avec un fascisme en perte de vitesse.

2 – Des tensions naissent avec l'Église après une brève « lune de miel » (Paxton). Les rapports de plus en plus étroits entre Vichy et les Nazis persécuteurs de l'Église et critiqués par le Pape pour leur paganisme, ainsi que les déportations de Juifs à partir de 1942, éloignent l'épiscopat du régime qui le courtise. Cependant, seuls quelques prélats

expriment plus ou moins ouvertement leur opposition. Mgr Feltin à Bordeaux ou le cardinal Suhard à Paris réprouvent discrètement. Plus audacieux, le cardinal Gerlier à Lyon et Mgr Théas à Montauban critiquent clairement, tandis que Mgr Salièges, à Toulouse, n'hésite pas à proclamer en chaire sa fraternité avec les Juifs. Pendant ce temps, un certain nombre de prêtres et religieux rejoignent la Résistance.

III – « PATRIE »

A – Les principes

1 – Pétain veut redonner aux Français un amour de la patrie qu'il estime disparu avec la démocratie. Selon lui, c'est à l'armée que le patriotisme s'apprend, mais sur ce plan, l'armistice ne laisse pas grand chose à Vichy. Un substitut de service militaire est mis sur pied et, pour conserver le goût des défilés et des élans patriotiques, est créée la Légion (à ne pas confondre avec la Légion Étrangère).

2 – Pour le gouvernement de Vichy, restaurer la patrie passe aussi par l'élimination des étrangers et des Juifs. Sa politique antisémite s'exerce sous l'œil d'un vainqueur viscéralement antijuif, mais est essentiellement française, pas uniquement imposée par les Allemands. L'antisémitisme a explosé en France avec l'Affaire Dreyfus mais était déjà présent auparavant. Pourtant, les Juifs français sont dans leur immense majorité très « assimilés », fondus dans la société. Mais subsistent des reproches plus ou moins fantasmatiques quant à d'hypothétiques différence de culture, prise de distance avec le reste de la population, mainmise sur les domaines économique et culturel. Vichy fera donc, pour peu de temps, la nuance entre Juifs français, assimilés et souvent anciens combattants, et Juifs étrangers, davantage différents des « Bons Français »...

B – Des mesures peu controversées

1 – L'armistice laissait 100 000 hommes à la France (le même effectif qu'à l'Allemagne de 1919), que la négociation permettra d'augmenter sensiblement. D'importants stocks d'armes ont été dissimulés, des services maquillés en services civils, et, en Afrique du Nord, Weygand a jeté les bases d'une armée semi-clandestine, qui se joindra aux Alliés en 1942.

L'aviation et la flotte, théoriquement désarmées, réussissent à conserver une certaine liberté d'action. Ces restes de puissance, et les lambeaux d'empire que conserve Vichy, sont entourés d'un véritable culte et contribuent à maintenir l'esprit militaire. L'armée d'armistice fournira des cadres à la France combattante (De Lattre de Tassigny*, Juin*...), des instructeurs, du matériel.

2 – Fondés le 30 juillet 1940, les Chantiers de Jeunesse ont tout d'abord concerné la classe 1940, incorporée en pleine débâcle. Le 18 janvier 1941, c'est l'appel de tous les garçons de zone libre âgés de 20 ans, sous les ordres du général De La Porte du Theil. Occupés à des tâches d'intérêt public (charbon de bois, défrichement...), ces jeunes apprennent, dans des camps de type militaire, la vie collective, l'obéissance et l'amour de la patrie. Le gouvernement peut ainsi structurer les effectifs de cette armée déguisée en scoutisme, s'assurer des réservistes avec les « Anciens des Chantiers », et de futurs officiers avec les « Cadres des Chantiers », formés à Uriage, près de Grenoble. En 1943, lorsqu'il sera évident que Vichy n'utilisera jamais ses forces contre les Allemands, certains jeunes des Chantiers passeront à la Résistance.

3 – Dans l'été 1940, Déat et Doriot réclamaient un parti unique, sur le modèle fasciste. Pétain choisit un compromis : le 29 août 1940, est fondée la « Légion des combattants », composée en théorie d'anciens combattants, chargés de répandre les principes de la Révolution Nationale, et de conserver les traditions cocardières. Comme dans un parti unique, la Légion ne relève que de Pétain, qui ne lui assigne pas de rôle politique. Les Allemands interdisent la Légion en zone nord, et elle reste longtemps sans influence réelle, l'ambition de ses membres étant d'obtenir la francisque, qui décore les bons serviteurs du régime. La création du « Service d'Ordre Légionnaire » (SOL), le 4 février 1942, dont le serment est : « je jure de lutter contre la démocratie (...), la dissidence gaulliste et (...) la lèpre juive »[18], ouvre la voie à la fascisation. La Légion se décompose alors, certains de ses membres joignant la Résistance.

18. R. Aron, *op. cit.*, p. 421.

C – Des errrements criminels

1 – L'article 19 de l'armistice prévoyait la livraison au Reich d'étrangers réfugiés en France, essentiellement des opposants et des gens persécutés par le nazisme. Vichy, tout en jugeant cette clause « inacceptable », dut obtempérer. Mais Pétain n'eut pas besoin des Allemands pour enfermer dans des camps les étrangers « indésirables », dont les Républicains espagnols, déjà incarcérés en 1939, qui y connaissent des conditions épouvantables. Dès le 22 juillet 1940, les naturalisations postérieures au 10 avril 1927 (date d'une loi facilitant l'obtention de la nationalité française) sont révisées et des milliers de déchéances proclamées. Les personnes « nées d'un père étranger » se voient alors retirer l'accès à la fonction publique, à certaines professions, etc.

2 – Le 27 septembre 1940, les Allemands, qui n'ont pourtant pas le droit d'y légiférer, promulguent un statut des Juifs en zone occupée, et expulsent les Israélites d'Alsace-Lorraine. Vichy crée son « Statut des Juifs » le 3 octobre 1940, sans avoir subi de pression directe de l'Occupant, obéissant à son propre antisémitisme. Les Juifs sont exclus de ce qui reste de vie politique, de l'administration, de la magistrature, de l'armée, de l'enseignement, de la presse, de la radio... Un « numerus clausus » est établi : 3 % des étudiants, 2 % des professions libérales etc. Le 4 octobre, les Juifs étrangers peuvent être arrêtés et enfermés arbitrairement ; le 7 octobre le texte Crémieux, de 1871, qui donnait la nationalité française aux Juifs d'Algérie, est abrogé. La définition du Juif (3 grands-parents juifs ou deux grands-parents et un conjoint juif) est aussi sévère qu'en Allemagne. Par contre, jusqu'au 2e statut des Juifs du 2 juin 1941, Vichy ne leur interdit pas les métiers industriels, commerciaux ou agricoles, et ne spolie (« n'aryanise ») pas leurs biens.

3 – En mars 1941, est crée le « Commissariat aux questions juives », dirigé par Vallat, qui cède sa place en mars 1942 à Darquier de Pellepoix, un antisémite extrême, qui multiplie les persécutions. Le 29 avril 1941 est fondée « l'Union Générale des Israélites de France », chargée en théorie de protéger ses coreligionnaires, mais très vite manipulée par les antisémites. Le 14 mai 1941, sont ouverts, près d'Orléans, les camps de Pithiviers et de Beaune-la-Rolande, puis, le 20 août 1941, le camp de Drancy, près de Paris, où des gendarmes français gardent les Juifs étrangers (puis de plus en plus souvent français) arrêtés par la Gestapo ou par

eux-mêmes. Vichy qui entend rester maître de la persécution, proteste, en 1941, contre les initiatives allemandes et accorde, ponctuellement, sa protection à des Israélites. Le basculement dans l'horreur de la « Solution finale » n'aura lieu qu'en 1942 (voir ch. 6).

6

LA COLLABORATION

Il a été évoqué (ch. 5), comment la « Révolution Nationale » s'est transformée en soutien de l'Occupant. Mais, dès 1940, une politique délibérée de rapprochement avec le Reich est en cours, la « Collaboration », chapitre le plus sombre de l'histoire de Vichy.

I – UN VASTE SUJET DE POLÉMIQUES

A – La « logique de l'armistice » ?

1 – Pour les Allemands, l'armistice, sous les dehors modérés qui l'ont rendu acceptable en juin 1940, est « le mors que nous avons mis dans la bouche du cheval »[19]. La « ligne de démarcation » entre zone libre et zone occupée doit être franchissable pour la survie économique de la France. Selon la docilité de Vichy, sont délivrés ou non les « Ausweis », et sont autorisés le passage du charbon et des produits industriels du Nord vers le Sud, et celui des produits agricoles du Sud vers le Nord. Deux millions de prisonniers restent aux mains de l'Allemagne. Leur retour dans la vie sociale et économique et leurs conditions d'existence, qui préoccupent leurs familles et le Maréchal, dépendent de la bonne volonté du Reich. Et, pour couvrir en théorie les « frais d'occupation », Vichy paye 400 millions par jour (ce qui équivaut à l'entretien de 18 millions d'hommes !), dépensés pour vider la France de ses richesses. La réduction de cette ponction est vitale pour le pays.

2 – En violation de l'armistice, dès l'été 1940, l'Alsace et la Moselle sont rattachées au Reich et brutalement germanisées : interdiction de la langue française, changement des noms de lieu et de famille, expulsion

19. (Général Von Stulpnagel) R. Aron, *op. cit.*, p. 258.

des « francophiles », en attendant l'incorporation des jeunes dans la Wehrmacht le 25 août 1942 (les « Malgré Nous »). À l'est de la ligne Dijon-Mézières c'est la « Zone réservée » où débute une colonisation agricole allemande par l'organisation « Ostland ». Le Nord et le Pas-de Calais sont rattachés à la Belgique, ébauche d'un futur État flamand, et, au nord de la ligne Reims-Amiens, la « Zone interdite » risque de subir le même sort. Les Allemands intriguent pour réveiller l'indépendantisme breton, tandis que l'Italie réclame la Corse, Nice, et la Savoie. La paix future, sans d'excellents rapports avec les vainqueurs, risque de se traduire par le dépeçage de la France.

3 – La Collaboration est donc, pour les Vichystes, qui se trouvent en position de « demandeurs », indispensable afin d'obtenir une application modérée de l'armistice et atténuer les rigueurs du futur traité de paix. Elle est « dans la logique de l'armistice », où se trouve le mot « collaboration », sans précision de contenu. Le 30 octobre 1940, Pétain ne dit pas autre chose en annonçant : « c'est pour maintenir l'unité française (...) que j'entre aujourd'hui dans la voie de la collaboration ». Ayant signé l'armistice, Vichy pouvait-il refuser de collaborer ? Pour Weygand c'est oui, ce qui amènera son limogeage. Quant à De Gaulle il considérait que la signature de l'armistice impliquait de toutes façons la compromission, puis la trahison.

B – Une attitude sincère ?

1 – Hitler n'a jamais cru à la Collaboration. Il a laissé subsister une illusion d'indépendance française pour éviter des troubles, faire exécuter les basses besognes, et économiser ses troupes d'occupation. Il est peut être respectueux de la gloire de Pétain, mais méprise les Français en général et ne leur fait pas confiance. Son principal souhait, à partir d'août 1940, est d'entraîner la France dans la guerre contre une Angleterre qui s'obstine. La pensée nazie est résumée par Goering le 10 août 1942 : « la collaboration de messieurs les Français (est) qu'ils livrent tout ce qu'ils peuvent jusqu'à ce qu'ils n'en puissent plus ; je dirai (alors) que je collabore »[20]. Il y a pourtant une certaine francophilie chez quelques interlocuteurs de Vichy, et en particulier chez Abetz.

---

20. M. Vanino, *op. cit.*, p. 113.

2 – Pétain alterne le doute et la confiance. Il chasse le trop collaborateur Laval le 13 décembre 1940, et déclare, le 8 novembre 1943 : « on ne peut pas collaborer avec un ennemi »[21]. Mais c'est lui qui serre la main du Führer et couvre toutes les outrances. Laval et Darlan semblent croire sincèrement à la Collaboration jusqu'en 1942, et Laval déclare encore, le 22 juin 1942 : « je souhaite la victoire allemande, parce que, sans elle, le bolchevisme demain s'installerait partout ».

C – La trahison ?

1 – Les adversaires de Vichy voient dans la Collaboration maints éléments de trahison. L'acte de condamnation à mort de Pétain porte : « il a entretenu des intelligences avec l'Allemagne (...) en vue de favoriser les entreprises de l'ennemi »[22]. Les partisans de Vichy avancent que les concessions au Reich avaient pour seul but de protéger la France et sa souveraineté, d'arracher de meilleures conditions de vie, et que les Allemands auraient de toutes façons pris ce qu'on leur avait cédé lentement avec contrepartie.

2 – Les Vichystes nient donc avoir voulu aider l'Allemagne ou son régime. Ils prétendent avoir agi par anticommunisme et s'être trompés sur la nature de l'hitlérisme, tout en se trompant sur l'issue de la guerre et, en dernier recours, renvoient la responsabilité sur Laval, Darlan, et surtout sur Pétain, qui a déclaré en annonçant la Collaboration : « c'est moi seul que l'Histoire jugera ».

3 – La trahison délibérée se précise cependant avec les Ultra-collaborateurs. On ne peut que condamner Vichy de les avoir tolérés, et même encouragés ou subventionnés. Une minorité de Français, en effet, par admiration du nazisme, par haine du bolchevisme, ou par intérêt personnel, alla jusqu'à revêtir l'uniforme allemand (la LVF, les Waffen SS), traquer ses compatriotes aux côtés de la Wehrmacht (la Milice), dépouiller ou torturer d'autres Français (la « Rue Lauriston »), même si certains d'entre eux prétendaient ainsi servir encore leur pays.

---

21. M. Vanino, *op. cit.*, p. 93.
22. M. Vanino, *op. cit.*, p. 345.

II – LA COLLABORATION DE 1940 À 1942

A – Montoire

1 – En juillet 1940, Laval, aidé par De Brinon*, a commencé à « finasser » avec les Allemands. Il croit au contact direct après s'être aperçu que les plaintes auprès de la Commission d'armistice de Wiesbaden sont inefficaces. Le 16 juillet, Hitler exige l'entrée en guerre de la France à ses côtés, et le refus de Vichy amène la fermeture totale de la ligne de démarcation.

2 – Le 22 octobre, Laval a la surprise d'être emmené par Abetz à Montoire sur le Loir, près de Tours, où il rencontre Hitler qui lui « offre la Collaboration ». Le Führer se rend en Espagne pour rencontrer Franco. Mais il n'y obtient pas l'entrée en guerre du Caudillo, dont le pays a été épuisé par la guerre civile. Il semble d'ailleurs que Pétain, ancien ambassadeur à Madrid, l'ait conforté dans ce refus. Le 24, il échoue également à convaincre le Maréchal de « former une communauté continentale » contre l'Angleterre, « en échange de concessions ». Mais la propagande montrera au monde entier la poignée de mains des deux hommes et on pourra dire : « c'est la poignée de mains de Montoire qui a revêtu un jour Darnand de l'uniforme allemand »[23].

B – La première collaboration de Laval

1 – Après Montoire, Vichy cesse ses protestations publiques contre les violations de l'armistice, ce qui est très mal compris dans le cas de l'Alsace-Lorraine. Laval signe des accords commerciaux, et entérine la mainmise allemande sur l'économie et l'administration de zone occupée. Il cède des mines de cuivre en Yougoslavie et Bulgarie (les « mines de Bor »), et l'or de la Banque de Belgique, déposé en France en mai 1940 (les « Accords de Compensation »). En échange, Vichy peut envoyer la « mission Scapini » pour aider les prisonniers, et on en libère plusieurs dizaines de milliers en novembre 1940. Mais le Reich insiste pour mener une attaque commune contre les Gaullistes d'Afrique, ce que Pétain refuse. Hitler cherche à séduire celui qu'il appelle « Immernein » (« toujours non ») en rendant à la France les cendres de l'Aiglon, fils de Napoléon Ier, mort en Autriche.

---

23. R.P. Bruckberger cité par R. Aron, *op. cit.*, p. 310.

2 – Le 13 décembre, Pétain se débarrasse de Laval et nomme Flandin ministre des Affaires Étrangères. La remise des cendres de l'Aiglon a lieu le 14 décembre, dans une atmosphère glaciale, suivie d'une fermeture totale de la ligne de démarcation. Darlan réussit à rencontrer Hitler le 25 décembre 1940, sans parvenir à rétablir le dialogue, qui ne reprendra qu'après l'éviction de Flandin.

C – La collaboration de Darlan

1 – En mars 1941, Darlan multiplie les avances aux Allemands, prêts à l'écouter, car la guerre s'est aggravée pour eux en Afrique et au Moyen-Orient. Le 5 mai, ils obtiennent l'aide française pour lutter contre les Anglais d'Irak à partir de la Syrie, sous mandat français. La Luftwaffe utilise les aérodromes syriens à partir du 9 mai, et des livraisons de matériel sont prévues. En échange, le Reich libère quelques milliers de prisonniers, assouplit la ligne de démarcation, et ramène les frais d'occupation à 300 millions par jour. Le 11 mai, Darlan est reçu à Berchtesgaden par Hitler qui lui confirme le « donnant-donnant ».

2 – Le 27 mai, sont signés les « Protocoles de Paris », (ou « accords Darlan-Warlimont »), qui reprennent les mesures de Syrie, mettent la base tunisienne de Bizerte au service de l'Axe, et donnent des facilités à Dakar pour les U. Boote. En échange, la France obtient des concessions militaires, qui ne sont pas loin de l'entraîner dans la guerre. Poussé par Weygand, Pétain refuse de ratifier les Protocoles. En Syrie, le 8 juin, des combats éclatent entre troupes de Vichy (général Dentz) et troupes gaullistes (général Catroux). Vichy refuse l'aide allemande, et, le 14 juillet, 20 000 hommes de Dentz sont rapatriés, 2 000 ayant choisi le camp gaulliste.

3 – Le 8 juillet, a été créée la « Légion des Volontaires Français » (LVF) qui lève des troupes pour combattre en URSS sous uniforme allemand. Cet organisme privé ne recrutera que 5 800 hommes, sera soutenu mollement par Vichy, qui le déclare pourtant « d'intérêt public » en 1943, et Pétain écrira aux hommes de la LVF : « vous détenez une part de notre honneur militaire ».

4 – Malgré cela, devant le refus de cobelligérance, les Allemands proclament « l'état de tension entre la France et le Reich ». L'Italie réclame des territoires, et le Japon annexe quasiment l'Indochine le 21 juillet

1941. Une commission allemande, dirigée par Krug Von Nidda, s'installe à Vichy et obtient le limogeage de Weygand, le 18 novembre. Une rencontre entre Pétain et Goering, le Ier décembre, à Saint-Florentin près de Sens, n'apaise pas la tension. Darlan multiplie les protestations et, début 1942, Goebbels écrit : « j'ignore si demain (...) nous ne serons pas de nouveau en guerre ouverte »[24]. Renouer le dialogue passe par le retour de Laval, en avril 1942.

III – LA COLLABORATION À PARTIR D'AVRIL 1942

A – De la collaboration à la complicité (1942)

1 – Dès le 27 avril, Laval proclame : « ma politique est fondée sur la réconciliation avec l'Allemagne ». Le Reich ne ménage plus la France : les exécutions d'otages et les arrestations de Juifs, y compris français, se multiplient, et un SS, Oberg, est nommé à Paris le 28 avril, futur gauleiter. Les Allemands sont furieux de l'évasion de Giraud*, le 17 avril, que Laval n'arrive pas à persuader de retourner en captivité. Le 6 mai, le chef nazi Heydrich déclare à Laval : « je ne suis pas là pour négocier, les Français doivent apprendre à obéir »[25]. En juin, arrive en France une brute nazie, Sauckel, chargé de recruter de la main d'œuvre.

2 – Le 22 juin, pour satisfaire Sauckel, Laval instaure la « Relève » : pour 3 ouvriers français partant pour le Reich, celui-ci libérera un prisonnier. Le 3 juillet, les « Accords Bousquet-Oberg » amènent la reconnaissance de l'indépendance de la police française en zone occupée. En échange ce sont les Français qui se chargent de l'arrestation des Juifs étrangers. Les 16 et 17 juillet 1942, c'est « la grande rafle du Vel d'Hiv ». 20 000 Juifs étrangers sont arrêtés par des policiers français, puis regroupés au Vélodrome d'hiver, emmenés à Drancy, puis en déportation. 10 000 Juifs étrangers de zone libre sont livrés aux Allemands, Laval ordonnant d'y joindre les enfants.

3 – Le 19 août 1942, les Anglais tentent un débarquement à Dieppe, qui est un échec (« opération Jubilee »), et Hitler reçoit un télégramme de félicitations signé Pétain (qui niera toujours l'avoir écrit). Devant le médiocre « rendement » de la Relève, Laval publie, le 4 septembre 1942,

---

24. R. Aron, *op. cit.* p. 478.
25. R. Aron, *op. cit.* p 516.

la loi sur le « Service du Travail Obligatoire » (STO), qui envoie hommes et femmes travailler en Allemagne, et qui s'étend à la zone libre.

B – La collaboration du vassal (1943)

1 – Après le débarquement allié en Afrique du Nord, Vichy n'a plus d'intérêt militaire pour Berlin, qui se contentera « d'exiger ». Pétain et Laval, qui ont tenu à continuer à gouverner, ne peuvent que limiter ces exigences. Il n'y a plus collaboration entre deux États, mais obéissance de mauvaise grâce d'un vassal qui, en public, multiplie les protestations de dévouement.

2 – Le 15 décembre 1942, compte tenu de la fin de la zone libre, les frais d'occupation passent à 500 millions par jour, et le pillage redouble. Une loi durcissant le STO est promulguée en février 1943, Vichy essayant de noyer les dossiers dans un « magma administratif » (Laval). En échange c'est la fin du rattachement du Nord-Pas de Calais à Bruxelles, la suppression de la ligne de démarcation (qui n'avait plus de raison d'être) et la transformation des prisonniers en « travailleurs libres ». Toutes ces concessions ne coûtent rien au Reich.

3 – Après un attentat contre des Allemands, Hitler ordonne de raser le Vieux Port de Marseille et de déporter 50 000 Marseillais. En janvier 1943, Laval obtient une diminution des destructions, et 20 000 personnes sont enfermées dans des camps, mais français. Les Nazis obtiennent ensuite l'arrestation des Juifs français, et le port de l'étoile jaune (obligatoire en zone occupée depuis mai 1942).

C – Les Ultra-collaborateurs en 1943-1944

1 – Avec l'aide d'Abetz, les Ultra-collaborateurs disposent de fonds illimités pour leurs partis, surtout le PPF de Doriot (Parti Populaire Français) et le RNP de Déat (Rassemblement National Populaire), qui manquent singulièrement d'adhérents. Ils dominent le cinéma et la vie culturelle, avec parfois des écrivains de talent comme Brasillach*, Drieu La Rochelle* ou Rebatet*. Ils disposent d'une presse puissante (« Je suis partout », « l'Œuvre », « Signal ») qui couvre d'injures la Résistance et même l'attentisme de Vichy. Ils monopolisent Radio-Paris avec Henriot* et Herold-Paquis.

2 – Les Ultra-collaborateurs ont crée la LVF et certains s'y battent (Bassompierre, Clémenti, etc.), contre les partisans russes. Ils essaient de

fonder une « Phalange africaine » pour repousser les Alliés en Tunisie, dirigée par le colonel Cristofini, qui échoue pitoyablement. Ils soutiennent les engagements dans la Waffen SS, autorisés par Vichy, et y attirent 2 500 volontaires qui fusionnent avec la LVF en 1945 dans la « Division Charlemagne », qui comptera parmi des derniers défenseurs de Berlin.

3 – Darnand, après avoir crée les SOL en 1942, les transforme en « Milice », le 31 janvier 1943 (déclarée d'utilité publique par Vichy). 15 000 hommes revêtiront l'uniforme noir et le béret orné du gamma, et prêteront serment au Maréchal. Le 30 décembre 1943, Darnand devient secrétaire au « maintien de l'ordre », et la Milice se lance dans la chasse aux « dissidents ». Elle assassine (par exemple Mandel le 7 juillet 1944), opère contre les maquis au coude à coude avec les SS (les Glières), traque les Juifs (cas de Touvier à Lyon). Certains vont plus loin encore, entrent dans la Gestapo, comme la « bande de la rue Lauriston », dirigée par Lafont, entouré de véritables truands.

7

LES FRANÇAIS DE 1940 À 1944

À l'époque de Vichy, courait cette expression : « Terreur blanche, Bibliothèque rose, Marché noir » (« Terreur blanche » signifiant, depuis le XIXe siècle, par opposition à « la Terreur » de la Révolution française, un autoritarisme réactionnaire). En inversant les termes, ce slogan peut servir à décrire la vie des Français soumis, entre le désastre de juin 1940, et la Libération d'août 1944.

I – « MARCHÉ NOIR » : LES DIFFICULTÉS DE LA VIE QUOTIDIENNE

A – La pénurie

1 – Le rationnement avait commencé à l'automne 1939, sans grande sévérité, la France conservant ses liens avec son empire colonial et le reste du monde. La baisse de production ainsi que les pillages liés aux combats et à l'exode de 1940, ont amené une pénurie pour tous les produits. Les achats allemands, favorisés par un change avantageux (20 F pour 1 mark au lieu de 16 en 1939), et les réquisitions arbitraires en zone occupée, ont fini de vider les stocks et empêchent leur reconstitution.

2 – Les Anglais arraisonnent les navires de commerce français depuis juillet 1940. En novembre, par l'intermédiaire de Louis Rougier, un professeur de Besançon, des négociations s'ouvrent entre Vichy et Londres. Elles aboutissent aux « Accords Halifax-Chevalier » de décembre 1940, qui permettent la reprise du trafic entre Afrique du Nord et métropole, améliorant un peu la situation en zone libre.

3 – Le rationnement se généralise avant le printemps 1941, et ira toujours en s'aggravant, tandis que la qualité des produits se dégrade. Chaque Français est muni d'une carte d'alimentation et de tickets, correspondant à une catégorie aux dotations précises : E pour les enfants, J1

à J3 pour les adolescents, A pour les adultes, V pour les plus de 70 ans, etc. Il faut des heures d'interminables files d'attente pour arriver à un commerçant qui n'est pas toujours capable de fournir ce qui correspond aux tickets. Chaque Français a droit, en 1942, à un peu moins de 2 000 calories par jour, et, en 1944, à moins de 1 000 calories, un régime de famine. Au procès de Nuremberg, en 1946, on estimera que 150 000 Français sont directement morts de faim[26]... Quant aux produits sans tickets, ils sont introuvables, en particulier l'essence, réservée à quelques privilégiés.

B – Les artifices pour survivre

1 – Les Français usent du « Système D », comme « débrouille », faisant du café avec de l'orge, fumant du trèfle, plantant des rutabagas, élevant des lapins sur les balcons, cuisinant sur du vieux papier journal, roulant au charbon de bois des gazogènes. Le ravitaillement est le souci principal des familles, et, pour le reste, l'imagination est sans limites, du vélo-taxi aux jambes teintes pour remplacer les bas.

2 – Illégal, s'approvisionnant à des sources parallèles et utilisant des réseaux obscurs, s'installe très vite le Marché noir, dans lequel tout le monde trempe, comme fournisseur, transporteur ou client. Mais les prix y sont prohibitifs pour des salaires qui stagnent, et la police veille, souvent prévenue par des délateurs, de plus en plus nombreux.

3 – S'organisent également des réseaux plus innocents, le « Marché gris ». C'est à qui connaîtra un commerçant, un agriculteur, un grossiste, et heureux celui qui a quelque chose à échanger, talent particulier, stock d'avant guerre, ou influence. Certains cherchent de l'aide du côté des Allemands, poussés par une nécessité qui n'excuse pas tout, et vendent leurs charmes,« marché rose », ou, bien pire, leurs compatriotes : c'est le « Marché brun ».

C – Les nuances

1 – Les agriculteurs, producteurs de nourriture, mangent à leur faim, et vendent très cher aux citadins. Mais le paysan manque, comme tout le monde, de sucre, de café, etc., et a du mal à travailler sans essence, sans

---

26. R. Aron, *op. cit.*, p 591.

engrais, tout en devant surveiller les pillards, fournir les occupants, et nourrir, de gré ou de force, les maquis voisins.

2 – La Zone libre, plus rurale, est un peu privilégiée jusqu'en 1943, ne souffrant pas des réquisitions allemandes et gardant des relations avec l'extérieur. L'Alsace-Lorraine, où sont appliquées les consignes de ravitaillement allemand, mange correctement, ce qui incite beaucoup de réfugiés à y revenir, malgré la germanisation. Les familles de prisonniers, avec un revenu amputé par l'absence d'un des membres, doivent se priver pour adresser régulièrement un colis, indispensable dans le Stalag ou l'Oflag. Les prisonniers reçoivent aussi des aides de Vichy ou de la Croix-Rouge, après de vastes collectes publiques. Quant aux Juifs, mis à l'écart de la vie normale, leur ravitaillement est difficile, certains commerçants refusant même de servir les porteurs de l'étoile jaune.

II – « TERREUR BLANCHE » : VIVRE AVEC LA PEUR

A – La peur de Vichy

1 – Les deux « statuts des Juifs » (18 octobre 1940 et 2 juin 1941) mettent les Israélites au ban de la société. Les Juifs étrangers sont arrêtés et emprisonnés depuis le 4 octobre 1940 en zone libre. En 1942, les arrestations et déportations se multiplient. En 1943, ce sont tous les Juifs qui sont pourchassés : 75 000 furent déportés, et 2 500 seulement revinrent des camps de la mort. Quelques « bons Aryens » les dénoncent, d'autres les protègent. Les Français et Vichy savaient-ils quel sort attendait les déportés ? La Résistance a t-elle porté assez d'intérêt à la question juive ? Les membres de la police et les fonctionnaires de Vichy avaient-ils conscience de participer à un génocide, pouvaient-ils refuser de prêter leur concours ? Mettaient-il trop de zèle dans leur tâche ? Le débat reste très ouvert, comme a pu le montrer le procès Papon… Néanmoins le verdict condamnant en mars 1998, l'ancien secrétaire général de la préfecture de la Gironde à 10 ans de prison pour complicité de crimes contre l'humanité, insiste sur le devoir de désobéissance devant l'arbitraire.

2 – Vichy pourchasse les Francs-Maçons, les noms de leurs dignitaires étant même publiés au *Journal Officiel*, en septembre 1940. On persécute les Tziganes, que l'on livre aux Allemands. Les Communistes

sont arrêtés arbitrairement et « internés administrativement », ainsi que tous les déviants du nouvel ordre moral, prostituées, homosexuels, « zazous », etc. En 1942, un Français sur 500 est enfermé dans des prisons ou des camps, aux conditions épouvantables. Le phénomène s'accélère, et ce sont plus de 100 Parisiens par jour que l'on arrête au printemps 1944.

3 – En 1943, avec la création de la Milice, la peur des autres Français atteint son paroxysme. Les dénonciations se multiplient, on peut être molesté, arrêté, ou exécuté sommairement comme Gaulliste, trafiquant du Marché noir, ancien syndicaliste, etc. Il y a des massacres collectifs (comme à Saint Amand, dans le Cher, où périssent 32 Juifs) et des assassinats comme ceux de Mandel, Jean Zay (ancien ministre du Front Populaire), Victor Basch (président de la Ligue des droits de l'homme), etc.

B – La peur des Allemands

1 – Au début de la guerre, la propagande s'est plue à vanter la « Correction » des troupes d'occupation. Les Français ont d'abord souffert du retard de deux heures sur le soleil, imposé à la zone occupée, pour s'aligner sur l'heure de Berlin, qui les obligeait à se lever en pleine nuit.

Mais des réseaux nazis se mettent en place, avec les espions de l'Abwehr, la police antijuive, la Gestapo qui traque Gaullistes et Communistes, les services SS, les services économiques, la « Propaganda Abteilung », et les services « culturels » d'Abetz. En zone occupée puis en zone libre (novembre 1942), se multiplient les « Kommandantur », où l'on se procure ausweis et papiers divers, tandis que, humiliation toujours renouvelée, fleurissent drapeaux à croix gammées et panneaux en allemand.

2 – Le 21 août 1941, un aspirant de la Kriegsmarine, Mozer, est assassiné par un Communiste, le « Colonel Fabien », dans le métro parisien. C'est le début d'un engrenage : pour chaque attentat contre leurs hommes, les Allemands fusillent des otages. Vichy accepte, pour « protéger les bons Français », de désigner les otages, en général des Juifs ou des communistes, tirés de ses camps. Le 20 octobre 1941, Holz, un lieutenant-colonel allemand est abattu à Nantes. Le Reich réclame 150 Français, Pucheu* lui en donne 50 : les « otages de Châteaubriant ».

Pétain a songé à se livrer lui-même, mais sans oser protester publiquement. En 1944, les massacres par les Nazis se multiplieront : les 120 pendus de Tulle, la population de Vassieux en Vercors, etc.

3 – L'exemple le plus connu est le massacre et la destruction d'Oradour sur Glane, près de Limoges, où la division « Das Reich », furieuse d'être retardée par la Résistance dans son mouvement vers la Normandie, brûle vives plus de 600 personnes dans l'église, le 10 juin 1944. Mais d'autres villages furent rasés de la même façon, Rouffignac en Dordogne, Sièges dans le Jura, Verjon dans l'Ain, etc.

III – « BIBLIOTHÈQUE ROSE » : L'ÉVOLUTION DE L'OPINION

A – « Quarante millions de Pétainistes » ?

1 – Selon l'expression de H. Amouroux[27] presque tous les Français, en 1940, déboussolés par la défaite, croient en Pétain, le seul à pouvoir les protéger par sa gloire passée, qui est resté avec eux, qui a « fait don de sa personne à la France ». On voue un véritable culte au Maréchal, on adhère à la littérature, aux cérémonies, à toute la « Bibliothèque rose » de Vichy, en prêtant peu d'attention à la parole de De Gaulle. La fin de la démocratie et la Révolution Nationale ne choquent d'ailleurs qu'une minorité. On laisse faire le régime, sans y croire vraiment, c'est le « pétainisme passif » ou « maréchalisme »[28].

2 – Les vrais adhérents à la politique de Vichy, les « Pétainistes actifs », ou « Vichystes », sont beaucoup moins nombreux, et très hétérogènes (hommes de droite, catholiques militants, antisémistes, anticommunistes, etc.). Peu d'entre eux se sentent proches de l'Allemagne, et beaucoup détestent le nazisme. Dès 1942, ils prennent leurs distances, réprouvant les outrances des Ultra-collaborateurs.

B – Le tournant

1 – Avec l'attaque de l'URSS en juin 1941, puis avec l'entrée en guerre des États-Unis en décembre, la victoire allemande semble de plus en plus compromise, et beaucoup de Français se réfugient dans l'attentisme. On pense que les Alliés supprimeront l'État Français et ses

27. H. Amouroux, *op. cit.*
28. Y. Durand, *op. cit.*, p. 70.

réformes, ramenant la République et les pratiques d'avant-guerre. De plus, la Résistance intérieure et la radio de Londres, que tout le monde écoute, promettent un châtiment aux suppôts de Vichy.

2 – Les Français perçoivent également la compromission du gouvernement avec l'Occupant, même s'ils croient longtemps à la ruse de Laval et au « double jeu » de Pétain. Ce fut d'ailleurs le sens du discours tenu par celui-ci lors de son procès : en accord avec Londres, il aurait été « le bouclier », De Gaulle étant « l'épée »… Mais les Français voient les prises d'otages, le départ sans retour des Juifs, l'action brutale de la Milice, et un parfum de trahison rôde autour de Vichy. Le STO achève de braquer la population et devient le principal fournisseur des maquis. En 1944, avec l'entrée des Ultra-collaborateurs au gouvernement (et surtout de Henriot à la propagande), l'écœurement domine. Pourtant, la popularité du Maréchal subsiste encore : le 26 avril 1944, visitant Paris, il est acclamé par une foule immense, surtout lorsqu'il dit, en improvisant : « j'espère bien (revenir) à Paris sans être obligé de prévenir mes gardiens ». Il paiera ces paroles en étant « installé », du 7 au 26 mai 1944, au château de Voisins, près de Rambouillet.

Partie III

LA FRANCE COMBATTANTE

8

L'ÉPOPÉE DE LA FRANCE LIBRE

Tandis que Vichy, d'armistice en collaboration, devient complice des Nazis, une poignée de Français, dès 1940, continue la lutte. Ces Français en guerre seront de plus en plus nombreux, sauront se structurer, et contribueront au succès des Alliés, permettant à la France, en 1945, d'être considéré comme un des pays vainqueurs.

I – LES DÉBUTS DE LA FRANCE LIBRE

A – La rébellion de De Gaulle

1 – Proche de Reynaud, partisan de la lutte à outrance, De Gaulle, sous-secrétaire d'État depuis le 6 juin 1940, a essayé d'organiser le « réduit breton », préparé le repli sur l'Afrique du Nord, et été l'artisan du projet d'union franco-anglaise (voir ch. 3). Le 17 juin, après la constitution du gouvernement Pétain, il quitte Bordeaux avec un peu d'argent remis par Reynaud. C'est la rupture : n'étant plus au gouvernement, il doit, comme tous les militaires, se déplacer avec un ordre de mission.

2 – Avec l'appui de Churchill, il passe un message sur la BBC. C'est « L'Appel du 18 juin ». Il y montre que la France n'a été battue que par la supériorité mécanique allemande qu'elle peut « vaincre (...) par une force mécanique supérieure ». Il explique que « cette guerre est une guerre mondiale », que la France peut « faire bloc avec l'Empire britannique » et « utiliser sans limite l'immense industrie des États-Unis ». Il invite donc « les officiers et soldats français » à le rejoindre, et utilise pour la première fois le mot « Résistance » : « la flamme de la Résistance française ne doit pas s'éteindre ».

3 – Dès le 19 juin, le gouvernement Pétain lui a ordonné de « rentrer sans délai ». De Gaulle ne plie pas face à celui dont il a été l'élève à

l'École de guerre puis le secrétaire, et évoque « la liquéfaction du gouvernement tombé sous la servitude ennemie ». Le 22 juin, on lui retire son grade de général, le 23, on le met à la retraite. Le 4 juillet, il est condamné à 4 ans de prison, ce qui ne suffit pas à Vichy, qui le fait condamner à mort par un autre tribunal.

B – L'organisation du mouvement

1 – Tandis que De Gaulle demande le ralliement de Weygand et des gouverneurs des colonies, qui ne daignent pas lui répondre, les premiers volontaires arrivent dès le 19 juin : Monnet*, Pleven*, Schumann*, Palewski, Cassin*, des soldats venus de Narvik, les pêcheurs de l'Île de Sein, etc. Quelques navires, quelques avions, viennent étoffer les « Forces Françaises Libres » (FFL), environ 7 000 hommes au total, qui fêtent le 14 juillet à Londres, avec ces mots fameux : « la France a perdu une bataille, mais la France n'a pas perdu la guerre ».

2 – Malgré le choc de Mers El Kébir (que De Gaulle qualifie le 8 juillet de « déplorable », « détestable », « odieuse tragédie »), les FFL nouent de bonnes relations avec le gouvernement britannique, qui leur fournit les locaux de Carlton Gardens, du matériel, et de l'argent, par l'accord du 7 août 1940. En septembre 1941, les FFL, par l'intermédiaire des Anglais, auront accès au « Prêt-Bail » américain. Peu à peu se mettent sur pied les services d'intendance, de renseignements, des ambassades officieuses, des émissions-radio (« les Français parlent aux Français »), des bulletins d'information dans le monde entier… Le 14 juillet 1942, la « France Libre » prendra le nom de « France Combattante ».

C – Les FFL et l'Empire

1 – Le 20 juin, Chandernagor se joint à la France Libre, suivi par les autres comptoirs de l'Inde. Le 22 juillet, se rallient les Nouvelles Hébrides, puis toutes les îles du Pacifique, et la Nouvelle Calédonie en septembre. Djibouti reste fidèle à Vichy, mais le gouverneur du Tchad, Eboué*, se rallie le 26 août, entraînant toute l'Afrique Équatoriale Française et le Cameroun les 27 et 28 août. Ce sont les « Trois Glorieuses d'Afrique ». De Gaulle dispose désormais de territoires avec une valeur stratégique, peuplés de 12 millions d'habitants.

2 – Par contre, il connaît un échec cuisant à Dakar, le 23 septembre 1940. Une petite flotte franco-anglaise échoue à convaincre le gouver-

neur de l'Afrique Occidentale Française, Boisson. Des tirs font 1 000 morts civils et militaires, et les Gaullistes doivent se retirer, moqués par la presse pro-allemande. De Gaulle s'interroge le 26 octobre : « dois-je continuer ? » Mais, le 27 octobre, il fonde à Brazzaville le « Conseil de Défense de l'Empire », ébauche d'un gouvernement. Le 24 septembre 1941, est créé le « Comité National des Français Libres », avec des « commissaires », aux attributions de ministres.

3 – En novembre 1940, après quelques combats contre les troupes de Vichy, les FFL conquièrent le Gabon. Du 8 juin au 14 juillet 1941, c'est la conquête de la Syrie, que suit une vive tension avec les Anglais, qui mettent la main sur la Syrie et le Liban. Le 24 septembre 1941, l'amiral Muselier, commissaire à la Marine, qui est en plein conflit d'autorité avec De Gaulle, prend possession de Saint Pierre et Miquelon, au vif mécontentement des États-Unis, qui avaient déjà neutralisé les Antilles françaises. En mai 1942, les Anglais débarquent à Madagascar et se mettent à l'administrer, à la colère de De Gaulle qui menace de s'installer en URSS. En décembre 1942, les Gaullistes prendront le contrôle de Madagascar, de Djibouti et de la Réunion.

II – LES INTRIGUES D'ALGER

A – Un débarquement sans les FFL

1 – Le 8 novembre 1942, à l'aube, les Américains débarquent à Casablanca, Oran et Alger (« opération Torch ») sans avoir prévenu De Gaulle, en ayant seulement traité avec un « Groupe des Cinq », en relation avec Giraud. Ces conjurés ne réussissent pas à favoriser le débarquement, et les troupes de Vichy résistent, faisant plusieurs milliers de morts. Le hasard veut que Darlan soit en Algérie depuis le 5 novembre, au chevet de son fils malade. Les Américains négocient avec lui, Pétain approuvant tacitement. Darlan fait entrer toute l'Afrique vichyste dans la guerre, sauf la Tunisie, envahie par les Allemands le 12 novembre.

2 – De Gaulle, mis à l'écart, est furieux contre les Anglo-Saxons, et condamne les accords avec Darlan, qui laisse en vigueur les lois de Vichy. Il réclame un « second débarquement », celui des vrais démocrates. Darlan est mystérieusement assassiné le 24 décembre 1942, par Fernand

Bonnier de la Chapelle, qui est fusillé le 26, sans avoir expliqué s'il était royaliste, gaulliste ou manipulé par les Anglo-Saxons.

3 – Giraud succède à Darlan avec l'appui des Américains, réorganise l'armée bâtie par Weygand en 1941, et l'envoie se battre en Tunisie. Mais il conserve encore la législation et l'administration de Vichy, et tient les Gaullistes à l'écart.

B – La « dévoration de Giraud »[29]

1 – Malgré l'hostilité américaine et les hésitations anglaises, De Gaulle rencontre Giraud, puis Roosevelt et Churchill, à Anfa, près de Casablanca, les 22 et 23 janvier 1943. Il réussit à se faire reconnaître comme interlocuteur pour l'Afrique du Nord. Sous son influence, Giraud dissout le SOL en mars, libère les prisonniers politiques, et abolit la législation antijuive. Le 30 mai 1943, De Gaulle s'installe à Alger après avoir remercié la Grande-Bretagne pour son hospitalité.

2 – Des tractations ont lieu pour constituer le « Comité Français de Libération Nationale » (CFLN), mis en place le 3 juin, coprésidé par Giraud et De Gaulle. Mais Giraud est écrasé par la personnalité de son rival, et n'a pas grande envergure politique. Le 31 juillet, De Gaulle est seul président du CFLN, tandis que Giraud devient « commandant en chef des forces françaises » (et le restera jusqu'en avril 1944).

C – La création du GPRF

1 – Le 26 août 1943, le CFLN est accepté comme partenaire par Londres, Moscou et Washigton, et peut réellement gouverner. Le 17 septembre, est décidée la création d'une « Assemblée Consultative », avec 40 représentants pour la métropole, 12 pour l'Outre-mer, 20 membres des assemblées de 1940, et 12 représentants des conseils généraux. Dans cette assemblée, réunie le 3 novembre, une femme : Lucie Aubrac. On est loin d'un système représentatif, mais l'Assemblée joue un rôle politique, en lançant l'épuration en Afrique du Nord et en obtenant la tête de Pucheu, le 20 mars 1944.

2 – Le 6 novembre 1943, le CFLN démissionne et est remplacé, le 9, par un nouveau comité sans Giraud, mais avec Monnet, Mendès-France*, Frenay… rejoints par des communistes en avril 1944. Il gou-

---

29. J. Lacouture, *op cit.*, p. 651.

verne par ordonnances, prépare la Libération, et devient, le 3 juin 1944, le « Gouvernement Provisoire de la République Française » (GPRF).

III – LES FRANÇAIS AU COMBAT

A – L'aventure de Leclerc* et de Koenig*

1 – Pour peser face aux Alliés, De Gaulle a besoin de participer aux combats. La lutte aux confins du Tchad et de la Libye présente tous les avantages : le Tchad est le premier grand territoire rallié à la France Libre, et la Libye est aux troupes de Mussolini, de modeste valeur militaire. Leclerc arrive au Tchad en décembre 1940, et, à la tête de quelques centaines d'hommes, réduit de petits postes italiens. Le 1er mars 1941, il prend Koufra, faisant plus de 300 prisonniers. Il y prête le serment de continuer la lutte jusqu'à la libération de Strasbourg. En février-mars 1942, avec 5 000 hommes, il conquiert le Fezzan, et débouche sur la Méditerranée le 28 janvier 1943.

2 – Une troupe de 3 300 hommes, dirigée par Koenig, imposée par De Gaulle à l'armée britannique, a été chargée d'une mission de retardement face à l'Afrika Korps de Rommel*. Du 27 mai au 11 juin 1942, elle tient le poste de Bir-Hakeim, contre un ennemi 3 fois supérieur. C'est la première victoire des Français sur les Allemands depuis l'armistice, et l'événement a un écho mondial.

B – La résurrection de l'armée française

1 – Début 1943, Giraud a envoyé 75 000 hommes aux côtés des Alliés pour lutter en Tunisie, mais c'est une armée encore très vichyste qui participe à la capitulation des troupes de l'Axe, le 13 mai 1943. L'armée nouvelle naît de l'amalgame des troupes FFL et ex-vichystes, par l'incorporation des jeunes d'Afrique du Nord, par l'afflux de métropolitains fuyant le STO (après avoir passé plusieurs mois dans les camps espagnols du général Franco d'où il faut les sortir un à un). Le matériel américain abonde, pour 3 milliards de dollars, et on équipe 250 000 hommes.

2 – Le 26 décembre 1943, De Lattre de Tassigny est nommé à la tête de la « Ire armée française ». L'armée de Leclerc se transforme en IIe Division Blindée, puissante colonne de chars d'origine américaine.

L'aviation se reconstitue, des pilotes étant formés aux États-Unis, d'autres dans la RAF, comme l'as Pierre Clostermann. En 1943, l'escadrille « Normandie Niémen » combat en URSS, seule unité occidentale auprès des Soviétiques. La marine regroupe une quarantaine de navires et 50 000 hommes, escorte les convois alliés, et participe aux différents débarquements.

C – Les Français en Italie

1 – La nouvelle armée française, écartée du débarquement de Sicile en juillet 1943, s'aguerrit en libérant la Corse, à l'initiative de Giraud et des Anglais, et à l'insu du CFLN. Le 8 septembre 1943, la résistance corse, à l'annonce de la capitulation italienne, débute le soulèvement, appuyée par les Italiens non fascistes. Elle se heurte aux SS et aux fidèles de Mussolini. Les Français débarquent le 13 septembre, et l'île est totalement libérée début octobre.

2 – Le 18 mai 1943, Giraud a confié à Juin le soin de former un « Corps Expéditionnaire Français » pour l'Italie, qui dépassera les 100 000 hommes en mai 1944. Juin débarque près de Naples, le 25 novembre 1943, et ses unités de combattants nord-africains (les « Tabors »), adaptées à un terrain aride et montagneux, montrent plus d'efficacité que les Américains, tributaires du matériel lourd. Juin est un des principaux artisans de la victoire de Monte-Cassino en janvier 1944, du percement des lignes Gustav et Hitler qui ouvrent la route de Rome, prise le 5 juin 1944.

3 – La Ière Armée peut préparer le débarquement en Provence en faisant la conquête de l'Île d'Elbe (« opération Brassard »), du 17 au 19 juin 1944. Pour 200 Français tués, 2 700 Allemands sont mis hors de combat.

9

LA RÉSISTANCE INTÉRIEURE

Tandis que Vichy prône la soumission, une minorité, qui n'a pas pu ou pas voulu rejoindre les FFL, résiste à l'Occupant dès 1940. En 1941, elle se renforce du Parti Communiste, en 1942 elle se structure, en 1943 la Résistance est un mouvement puissant, dirigé depuis Londres, et, en 1944, elle jouera un rôle important dans la libération du territoire.

I – 1940-1941 : LES DÉBUTS

A – Les pionniers

1 – Les premiers actes de résistance sont le fait d'isolés, qui refusent la défaite, mais rares sont ceux qui critiquent Vichy, et ceux qui ont entendu l'appel de De Gaulle. Certains bénéficient de la complicité de services de Vichy, comme le contre-espionnage, dont les chefs (Groussard, Paillole...) finiront dans la Résistance. Leur action va de la petite feuille recopiée artisanalement et distribuée discrètement, aux étudiants qui défilent le 11 novembre 1940 près du soldat inconnu et y laissent plusieurs morts, jusqu'à ces saboteurs individuels fusillés dès l'été 1940.

2 – Malgré la surveillance de la police, quelques mouvements arrivent à se structurer en zone sud. À Lyon, Frenay et Bertie Albrecht éditent le bulletin « Combat » dès l'été 1940. Peu à peu naîtra le mouvement « Combat » avec Bertin-Chevance, De Menthon, Teitgen, Bidault*. À Clermont-Ferrand, Emmanuel d'Astier de la Vigerie fonde un mouvement « de gauche », Libération, auquel adhéreront les époux Aubrac. En 1941, autour du journal « Franc Tireur » naît le mouvement du même nom avec Claudius Petit, Marc Bloch, etc. À côté de ces trois

grands mouvements existe une myriade de groupes de passeurs de la ligne de démarcation, de filières d'évasion, etc.

3 – En zone nord, l'action de la Résistance est plus difficile compte tenu de la Gestapo, mais les exections de l'Occupant, favorisent le recrutement. Avec Brossolette*, un mouvement d'intellectuels, le « Musée de l'Homme », publie le bulletin « Résistance » dès décembre 1940. Il côtoie divers mouvements, parfois en liaison avec la zone sud, comme « Ceux de la Résistance », « Libération Nord », « l'Organisation civile et militaire » (OCM) etc.

B – Partis politiques et syndicats

1 – Les structures d'avant-guerre se réorganisent dans la clandestinité, nouant des liens avec la Résistance, et si possible avec Londres. Les Démocrates-chrétiens créent le « Mouvement républicain de libération » qui deviendra le « Mouvement républicain populaire » (MRP), grand parti de centre gauche d'après-guerre. Les Socialistes fondent le « Comité d'action sociale » en janvier 1941, qui prépare la renaissance de la SFIO.

2 – La CGT est longtemps perturbée par la présence de Belin dans le gouvernement de Vichy. Elle se reconstitue clandestinement dans les deux zones, et, après 1942, lutte contre le STO. En mai 1943, elle renoue avec le PC par « l'Accord du Perreux ». Les autres syndicats, laminés par la législation vichyste, restent peu organisés.

3 – Interdit depuis 1939, le Parti Communiste, profitant de l'alliance du Reich avec l'URSS, a été en contact avec les Allemands dans l'été 1940, et a même pu faire reparaître « l'Humanité ». Certains Communistes appellent à la « fraternisation » avec les troupes allemandes, mais, dès « l'Appel du 10 juillet », les responsables communistes se montrent anti-nazis. Ils condamnent Montoire en octobre 1940, et organisent une grève des mineurs du Nord en mars 1941, réprimée brutalement. Se crée alors le « Front National de lutte pour l'indépendance de la France », qui montre la volonté du PC de rejoindre la Résistance avant le 22 juin 1941. L'invasion de l'URSS amènera le Parti à lutter contre l'Occupant, avec la création des « Francs Tireurs et Partisans Français (FTPF) en janvier 1942, son bras armé. Les Communistes commettent les premiers assassinats d'Allemands, les premiers sabotages

d'envergure, et subissent une répression féroce (c'est le « Parti des fusillés »).

II – 1942-1943 : LA STRUCTURATION

A – Combler le fossé avec Londres

1 – Inventeur du mot « Résistance », De Gaulle, en 1941, n'est pas reconnu par la plupart des mouvements. Certains mettent en doute sa sincérité démocratique, beaucoup le prennent pour un militaire incapable de coordonner l'action de civils clandestins d'autres font encore confiance à Pétain. Certains réseaux, comme « Carte » dans le Sud-Est, sont en relation avec le SOE (Special Operation Executive), service secret anglais chargé des contacts avec la Résistance sur le continent, et souvent satisfait de contrer les FFL.

2 – Les services spéciaux gaullistes se structurent en octobre 1941, sous le nom de « Bureau Central de Renseignements et d'Action » (BCRA), sous les ordres d'André Dewarin dit « Colonel Passy ». Des agents pénètrent très tôt en France, comme Gilbert Renault (dit « Colonel Rémy »), qui fonde le réseau de renseignements « Confrérie Notre Dame » en novembre 1940, ou Honoré d'Estienne d'Orves qui organise un réseau pour les forces navales gaullistes, et meurt en héros le 29 août 1941. Les émissaires de la Résistance venus à Londres sont souvent choqués par la pauvreté de la France Libre, quand ce n'est pas par un De Gaulle hautain, qui supporte mal leur esprit d'indépendance. Cependant, par échange de postes radio, par messages codés sur la BBC, par envoi de fonds, des liens ténus sont établis fin 1941 entre Londres et la Résistance.

B – La mission de Jean Moulin*

1 – Ancien chef de cabinet d'un ministre du Front Populaire, préfet de Chartres en 1939, Moulin, dit « Max » ou « Rex », tente de se suicider en se tranchant la gorge en 1940 pour ne pas avoir à obéir aux Allemands. Guéri, il refuse de servir Vichy, et se rend à Londres en octobre 1941. De Gaulle le charge d'unifier la Résistance sous son commandement, et Moulin est parachuté dans les Alpilles le 1er janvier 1942.

2 – Il lui faut beaucoup d'habileté et de persuasion pour décider les mouvements à se ranger sous son autorité, et concilier de fortes personnalités opposées, comme celles de Frenay, de d'Astier, ou de Tillon, chef des FTPF. En avril 1942, Moulin structure « l'Armée Secrète » qui sera commandée par le général Delestraint, le « Bureau d'Information et de Presse » (BIP) dirigé par Bidault, le « Comité Général d'Études », chargé de réfléchir à la France d'après-guerre, et le NAP (Noyautage des Administrations Publiques). Fin avril 1942, Christian Pineau, un ancien syndicaliste, dirigeant de Libération-Nord, revient de Londres où il s'est entendu avec De Gaulle, et la mission de Max s'étend à la zone occupée. La nomination d'un socialiste, André Philipp, comme « Commissaire National à l'intérieur » au sein du Comité de Londres, le 28 juillet 1942, facilite sa tâche en prévenant les réticences à gauche.

3 – Début janvier 1943, la rencontre entre De Gaulle et Fernand Grenier, du PCF, permet l'adhésion des Communistes. En mars, Moulin crée les « Mouvements Unis de la Résistance » (MUR) et, le 27 mai 1943 sur une idée de Blum, se réunit le « Conseil National de la Résistance » (CNR), qui regroupe hommes d'action et hommes politiques, sous la présidence de Moulin. Le CNR, doté d'un bureau de 5 membres, n'aura plus d'assemblée plénière avant la Libération, mais publiera le « programme du CNR » le 15 mars 1944, qui définira la vie politique et sociale d'après-guerre. Arrêté le 21 juin 1943 à Caluire, près de Lyon, par le gestapiste Klaus Barbie, Moulin mourra quelques jours plus tard sous la torture, ou brisé physiquement au cours de son transfert en Allemagne.

C – Les maquis

1 – En 1940 et 1941, les « maquisards » (groupes de résistants vivant dans la clandestinité, au sein de régions écartées ou montagneuses) sont encore peu nombreux. Républicains espagnols, Juifs, ils ont rejoint la clandestinité et ,traqués, n'ont qu'un armement de fortune, souffrent de la faim et de la misère. Leur apport à la lutte est négligeable. À cette époque, ceux qui veulent combattre les Allemands préfèrent rejoindre les FFL.

2 – En 1942, naissent de nouveaux groupes de maquisards, souvent communistes, qui se développent brusquement avec le STO, l'augmentation de la persécution des Juifs, l'incorporation des Alsaciens-Lorrains

dans la Wehrmacht. Certains de ces derniers, réfugiés dans le Lot et la Corrèze, donneront naissance à la « Brigade Alsace-Lorraine ». En 1943, ces maquis sont pris en mains par les MUR, qui fournissent armes, argent, radios, spécialistes, etc. Fin 1943, arrivent des volontaires dont la seule motivation est de participer à la libération de leur pays, en attendant les opportunistes de l'été 1944 (les « Résistants de la dernière heure »). Au total, les maquis, au printemps 1944, avoisinent 250 000 hommes.

3 – En 1943, après un an d'escarmouches, les maquis engagent de véritables combats, en Haute-Savoie contre les Italiens, dans le Massif Central contre les Allemands. Leur rôle dans la libération de la Corse est essentiel, et, le 11 novembre 1943, les maquis de l'Ain font une occupation symbolique de la ville d'Oyonnax. Leurs faits d'armes et leur état d'esprit sont diffusés dans l'opinion par une presse puissante (165 000 exemplaires pour « Franc Tireur ») et une édition clandestine de qualité, comme les « Éditions de Minuit » qui publient le « Silence de la mer », de Vercors.

III –1944 : LA RÉSISTANCE TRIOMPHANTE

A – Les FFI

1 – Début 1944, le CNR décide la création du « Comité d'Action Militaire » (COMAC), dirigeant tous les maquisards, considérés comme des soldats. Cette « armée » peut émettre des bons de réquisition, remboursables après la guerre. Comme dans une armée légale, les familles des victimes sont soutenues, par le « Comité des Œuvres Sociales des Organisations de Résistance » (COSOR).

2 – En mars 1944, sont organisées les Forces Françaises de l'Intérieur (FFI), regroupant tous les maquis sous les ordres du héros de Bir-Hakeim, Koenig. Les FFI adoptent une allure militaire, et combattent sous la Croix de Lorraine, symbole d'allégeance à De Gaulle. En avril 1944, est élaboré un plan précis de participation des FFI à la libération du territoire.

3 – Sous leur unité de façade, les FFI sont très divisés, et même rivaux. Les maquis de l'AS (Armée Secrète) sont très gaullistes, les FTPF (ou simplement FTP) sont d'obédience communiste, l'Organisation de

Résistance de l'Armée (ORA) est giraudiste, etc. Tous pensent à avancer leurs pions pour l'après victoire, certains communistes préparant même une révolution de type soviétique.

B – Les combats du printemps 1944

1 – Sur le plateau des Glières, en Haute-Savoie, s'était constitué fin 1943 un puissant maquis de plus de 500 hommes – formé de FTP, membres de l'AS, Espagnols et chasseurs alpins de l'armée d'armistice. Attaqués par 12 000 hommes (SS et Milice) en février 1944, les maquisards de Glières, après une défense héroïque, sont exterminés, les Allemands étant obligés d'arrêter les gendarmes qui refusaient de les fusiller.

2 – Une véritable guerre civile se déroule dans tout le pays, la Milice ayant obtenu, par la loi du 20 janvier 1944, le droit d'assassiner sans jugement. Les Résistants répondent par des exécutions, comme celle d'Henriot le 28 juin 1944. Au printemps 1944, 3 500 maquisards s'installent sur le plateau du Vercors, près de Grenoble, où ils attendent des troupes alliées parachutées pour prendre à revers les défenseurs allemands de la côte provençale. Attaqués par les SS le 20 juillet, ils sont anéantis après massacre des populations civiles et destruction des villages. Au Mont Mouchet dans le Cantal, plus de 1 000 Allemands trouvent la mort. D'autres périront contre les maquis de l'Ain, celui de Malestroit dans le Morbihan, etc.

C – Les FFI dans la Libération

1 – Dès l'annonce du débarquement, les FFI redoublent d'activité. Ils retardent les colonnes allemandes, guident et secondent les troupes alliées, font des milliers de prisonniers. Le « Plan Bibendum » et le « Plan Tortue » coupent les routes, le « Plan Vert » paralyse les chemins de fer, le « Plan Bleu » rompt les lignes à haute tension, le « Plan Violet » brise les lignes téléphoniques. Après les combats, Eisenhower estimera à plusieurs divisions l'apport des FFI à la victoire alliée.

2 – La population civile, qui acclame dans la liesse les troupes alliées, se joint parfois spontanément à la lutte, et souffre énormément des réactions allemandes. Elle se livre ensuite à une épuration sauvage, avec femmes tondues et nombreux fusillés : on parle de milliers de victimes.

3 – La Résistance joue le premier rôle dans la libération de Paris, déclenchant l'insurrection le 19 août 1944, et forçant la main des Alliés, qui envoient Leclerc le 25 août. Le 26 août c'est l'apothéose : De Gaulle est à Paris, entouré des chefs résistants : Chaban-Delmas*, Rol-Tanguy, Parodi, Bidault devenu président du CNR etc. À l'automne 1944, 140 000 FFI rejoignent l'armée régulière, et les autres sont chargés de liquider les « poches » allemandes de l'Atlantique.

10

LA LIBÉRATION ET LA VICTOIRE

Du 6 juin 1944 au 8 mai 1945, la France est un champ de bataille, mais elle contribue largement à sa propre libération. Quant au GPRF, tout en rétablissant la démocratie, il lui faut lutter aussi, pour rendre à la France son rang parmi les grandes puissances.

I – LA LIBÉRATION DU TERRITOIRE

A – Overlord

1 – Le 6 juin à l'aube, sous le commandement de l'Américain Eisenhower, débute « Overlord », le débarquement en Normandie, sur les plages rebaptisées Omaha, Juno, Utah et Gold, après une nuit de parachutages (dont celui de Sainte-Mère l'Église). Les Alliés ont en réserve plus de 4 millions d'hommes, et le débarquement a été préparé avec soin (ports démontables, pipe-line géant « Pluto », etc.). Les Allemands, très inférieurs en nombre et en matériel, ont fait construire, par « l'Organisation Todt » qui utilise de nombreux Français contraints, le « Mur de l'Atlantique » (suite de blockhaus, de barbelés, de champs de mines, de Dunkerque à Hendaye). Seule une petite unité française participe à Overlord, les 300 hommes du commandant Kieffer.

2 – Avec l'appui des FFI, la tête de pont s'élargit. Cherbourg est prise le 30 juin, Caen le 9 juillet. Le général américain Patton perce à Avranches le 25 juillet, et libère la Bretagne. Une contre-attaque est brisée, et toute une armée allemande est anéantie dans la « poche de Falaise », le 16 août. Hitler a perdu 500 000 hommes, et la résistance allemande cesse dans l'Ouest, les dernières troupes du Reich s'enfermant dans les « poches de l'Atlantique » (La Rochelle, Royan, Saint-Nazaire, Lorient, Dunkerque).

3 – En août et septembre 1944, tout le nord du pays est libéré (Paris le 25 août), le front ne se stabilise qu'en Belgique. Le Sud-Ouest est « nettoyé » par les FFI, qui font des milliers de prisonniers (17 000 à Issoudun, par exemple).

B – Anvil-Dragoon

1 – Baptisé « Anvil » jusqu'au 1er août 1944, puis « Dragoon », le débarquement de Provence s'opère le 15 août 1944 avec une forte participation française (50 % des effectifs). Les soldats du Reich, qui luttent à un contre deux, sont de valeur militaire médiocre, et battent en retraite le 19 août.

2 – Les Alliés libèrent tout le Sud-Est, largement appuyés par les FFI. Lyon est prise le 3 septembre. Le 12, à Montbard en Bourgogne, les troupes de Dragoon rencontrent celles d'Overlord.

C – La libération de l'Est

1 – Vers la mi-septembre, le front se stabilise sur les Vosges et la région de Belfort, à cause des intempéries, de l'étirement des lignes de ravitaillement alliées, et le durcissement de la Wehrmacht en approchant du Reich. Les Allemands se retranchent derrière la « Winter Linie ». Par un temps abominable, les Alliés prennent difficilement Belfort le 14 novembre, Mulhouse le 21, après avoir atteint le Rhin à 18 h 30 le 19 novembre (lieutenant de Loisy). Le 23 novembre, Leclerc entre à Strasbourg, tenant son serment de Koufra.

2 – Une résistance allemande a lieu à Metz, qui n'est libérée que le 13 décembre par Patton. Les Allemands conservent aussi une tête de pont dans la moyenne Alsace, la « Poche de Colmar ». Ils menacent même de refouler les Alliés lors de la contre-offensive des Ardennes, déclenchée le 16 décembre 1944. La Poche de Colmar est attaquée le 20 janvier 1945, par un temps sibérien, et ce n'est que le 13 mars que toute l'Alsace est libérée. C'est à Reims, le 7 mai, que le Reich signe une première capitulation. Les poches de l'Atlantique se rendront le lendemain.

II – L'ARMÉE FRANÇAISE VICTORIEUSE

A – La IIe DB

1 – Elle ne débarque en Normandie que le 1er août 1944, et a bien du mal à trouver son autonomie vis à vis des Américains. Elle joue cependant un rôle important dans l'encerclement des Allemands à Falaise, à la mi-août 1944. Le 22 août, sollicités par les FFI, Leclerc et De Gaulle arrachent aux Américains l'autorisation de libérer Paris, qui, contrairement aux ordres d'Hitler, n'est pas réduite en cendres grâce à la modération du général allemand Von Choltitz. Fin août, la IIe DB « nettoie » les banlieues de Paris, mettant hors de combat plus de 15 000 Allemands.

2 – Mi-septembre 1944, la IIe DB perce le front allemand des Vosges dans la région d'Épinal, et prend Strasbourg. Lors de l'offensive des Ardennes, et après le retrait des Américains, Leclerc se trouve seul à défendre la ville, dont de De Gaulle a refusé l'évacuation, avec la petite « Brigade Alsace-Lorraine » de Malraux (ou « Colonel Berger »). Le 18 janvier, la IIe DB est rattachée à la Ire Armée de De Lattre. Au printemps 1945 elle prendra le « nid d'aigle » d'Hitler à Berchtesgaden.

B – La Ière Armée

1 – Elle débarque en Provence, forte de 250 000 hommes, le 15 août 1944. Elle mène de durs combats pour prendre Toulon, du 20 au 27 août, et Marseille, du 20 au 28 août. Elle remonte la Vallée du Rhône, libérant Lyon, la Bourgogne et le Jura.

2 – Le 23 septembre 1944, un décret du GPRF autorise les FFI à souscrire des engagements volontaires jusqu'à la fin de la guerre. 137 000 rejoignent la Ière Armée, où ils viennent renforcer les « coloniaux », troupes venues de l'Empire, et qui ont joué un rôle important dans l'Armée jusqu'à la fin de la guerre tant en métropole qu'en Allemagne. S'intègrent des infirmières volontaires venues des États-Unis, les « Rochambelles », en hommage à Rochambeau, héros français de l'indépendance américaine. Ainsi rénovée, la Ière Armée libère le sud de l'Alsace, première troupe alliée à atteindre le Rhin.

3 – Après avoir réduit la « Poche de Colmar » et libéré l'extrême nord de l'Alsace protégé par la ligne fortifiée « Annemarie », elle perce la ligne « Siegfried » le 24 mars, et franchit le Rhin, le 31 mars 1945. Elle

conquiert tout le Pays de Bade, prend Stuttgart le 20 avril, Ulm le 24, et pénètre en Autriche le 30. Cette série de victoires permet à De Lattre d'être un des signataires de la capitulation allemande à Berlin, le 8 mai 1945, où sa présence choque le vaincu, Keitel*. La Ière Armée Française prend le nom de « Rhin et Danube », et est dissoute en juillet 1945, après avoir eu plus de 14 000 morts et 40 000 blessés.

III – LA VICTOIRE POLITIQUE DU GPRF

A – Rétablir la souveraineté nationale

1 – Le 14 juin, De Gaulle prend pied en Normandie, entouré de la méfiance des Alliés, qui songent même à le renvoyer de force en Angleterre. Les Anglo-Saxons pensent encore traiter avec Vichy, ou administrer eux-mêmes la France, par l'intermédiaire de l'AMGOT (Gouvernement militaire allié des territoires occupés). Ils ont même imprimé une monnaie spéciale, imitant le dollar, que De Gaulle qualifie de « fausse monnaie ».

2 – De Gaulle sait se faire acclamer triomphalement par les populations normandes, multiplie rencontres et protestations, se rendant même en Amérique du 6 au 10 juillet 1944. Il écarte la menace de l'AMGOT, et fait reconnaître l'autorité du GPRF sur la France libérée, tandis que Vichy, à Sigmaringen, achève de perdre tout crédit politique. Le 31 août, le GPRF s'installe à Paris, et est reconnu par tous les Alliés le 23 octobre.

3 – Il lui faut installer une administration (souvent celle de Vichy sommairement épurée), et envoyer des « Commissaires de la République » dans toutes les régions, qui doivent s'imposer à des « Comités départementaux de libération », en général communistes. De Gaulle doit souvent se déplacer en personne pour assurer obéissance et désarmement de troupes armées (les « Milices patriotiques »), supprimées en vertu d'un décret du 28 octobre.

B – Rétablir la démocratie

1 – Les partis politiques réapparaisent. La SFIO, rétablie en 1943, refait surface en novembre 1944, et, le 4 décembre, fait alliance avec le PC. Le MRP est constitué le 26 novembre, et les Radicaux tiennent un

congrès en décembre. Des élections municipales peuvent ainsi avoir lieu fin avril 1945.

2 – La législation de Vichy est abolie (sauf rares exceptions) le 10 septembre 1944, et de nombreuses mesures abrogées, comme les subventions aux écoles libres. En septembre 1944, sont mises en place des « Cours spéciales », pour mener à bien l'Épuration. Le vote des femmes est décidé le 5 octobre 1944, et le programme du CNR est mis en application (nationalisation des Houillères le 14 décembre, création des Comités d'entreprise le 22 février 1945, etc.).

C – Redevenir une grande puissance

1 – Le 10 décembre 1944, De Gaulle et Bidault, son ministre des Affaires Étrangères, signent une alliance avec l'URSS, ce qui est une manifestation d'indépendance vis à vis des Anglo-Saxons. Cependant Staline – imité par Churchill ou Roosevelt – n'invite pas De Gaulle à la conférence de Yalta.

2 – Naguère pays vaincu et satellite de l'Axe, la France est cependant au rang des vainqueurs, en obtenant un poste de membre permanent au Conseil de Sécurité de l'ONU avec droit de veto, et recevant une zone d'occupation en Allemagne. Malgré la perte de ses mandats sur le Liban et la Syrie, promis à l'indépendance depuis 1941, la France retrouve son empire colonial. Mais déjà des craquements s'y font entendre (émeutes de Sétif en Algérie le 8 mai 1945). En juin 1945, les Français estiment, à 80 %, que la France a retrouvé son rang dans le monde.

CHRONOLOGIE

La France vaincue

1939

23 août	– Pacte germano-soviétique
1er septembre	– L'Allemagne attaque la Pologne
3 septembre	– Déclaration de guerre de l'Angleterre, puis de la France à l'Allemagne
7 septembre	– Offensive française en Sarre
26 septembre	– Dissolution du Parti Communiste Français

1940

22 mars	– Décision des gouvernements franco-anglais à ne pas conclure de paix séparée.
30 mars	– Démission de Daladier
9 avril	– Attaque allemande au Danemark et en Norvège
10 mai	– Offensive allemande à l'Ouest
13 mai	– Percée allemande à Sedan
15 mai	– Capitulation des Pays-Bas
18 mai	– Pétain vice-président du Conseill ;
	– Combat du corps blindé de De Gaulle à Montcornet
20 mai	– Weygand nommé généralissime
	– Encerclement des armées du Nord
28 mai	– Capitulation belge
	– Début de l'évacuation par Dunkerque
6 juin	– De Gaulle sous-secrétaire d'État à la guerre
10 juin	– Le gouvernement quitte Paris. « Débâcle » de l'armée et « exode » des populations civiles ;
	– L'Italie déclare la guerre à la France
12 juin	– Débats du Conseil des Ministres au sujet de l'armistice
14 juin	– Les Allemands à Paris
	– Le gouvernement à Bordeaux

16 juin	– Proposition d'union franco-anglaise
	– Démission de Reynaud
	– Gouvernement Pétain
17 juin	– Fin des combats
3 juillet	– Destruction d'une partie de la flotte française par les Anglais à Mers El Kebir

1941

Juillet	– Main mise des Japonais sur l'Indochine

1942

11 novembre	– Invasion de la zone libre
27 novembre	– Sabordage de la flotte à Toulon
	– Dissolution de l'armée de l'armistice

La France soumise

1940

23 juin	– Laval entre dans le gouvernement Pétain
1er juillet	– Installation du gouvernement à Vichy
10 juillet	– Pétain obtient les pouvoirs constituants
11 juillet	– Actes Constitutionnels. Fin de la République
12 juillet	– Formation du premier gouvernement de l'État français
17 juillet	– Les étrangers n'ont plus accès aux emplois publics
22 juillet	– Révision des naturalisations effectuées depuis 1927
30 juillet	– Création des Chantiers de jeunesse
5 août	– Abetz devient ambassadeur du Reich à Paris
7 août	– Annexion de fait de l'Alsace Lorraine au Reich. « Germanisation »
13 août	– Loi sur les sociétés-secrètes, anti maçonnique
16 août	– Création des Comités d'organisation
29 août	– Création de la Légion des Combattants
3 septembre	– Les préfets peuvent décider « l'internement administratif », mesure visant surtout les Juifs étrangers.
7 septembre	– Weygand devient délégué en Afrique du Nord
11 septembre	– Réforme des sociétés anonymes
15 septembre	– Les Allemands rattachent le Nord et le Pas-de-Calais à leur administration militaire de Bruxelles
3 octobre	– Premier « statut des Juifs »
7 octobre	– Abrogation du texte Cremieux de 1871 qui accordait la nationalité française aux Juifs d'Algérie

24 octobre	– Rencontre Pétain-Hitler à Montoire
30 octobre	– Pétain « entre dans la voie de la Collaboration »
9 novembre	– Dissolution des centrales syndicales ouvrières et patronales
14 novembre	– « Accords de Compensation ». Laval livre aux Allemands les mines de Bor et l'or de la Banque de Belgique
16 novembre	– Suppression des élections locales
2 décembre	– Création de la Corporation Agricole
13 décembre	– Éviction de Laval du gouvernement
14 décembre	– Flandin ministre des Affaires Étrangères
18 décembre	– De Brinon délégué en zone occupée
25 décembre	– Darlan rencontre Hitler

1941

10 février	– Création du Rassemblement National Populaire (RNP) par Déat
9 février	– Darlan vice-président du Conseil
29 mars	– Vallat commissaire aux questions juives
13 mai	– Rencontre Darlan-Hitler
27 mai	– « Protocoles de Paris »
2 juin	– Deuxième « statut des juifs »
2 juillet	– Début de « l'aryanisation » des biens juifs
8 juillet	– Création de la Légions des Volontaires Français (LVF)
14 août	– Création des Cours Spéciales de justice
15 août	– Fin de la gratuité de l'enseignement secondaire
27 août	– Attentat contre Laval
4 octobre	– Charte du Travail
22 octobre	– Exécution des otages de Châteaubriant
18 novembre	– Limogeage de Weygand
1er décembre	– Rencontre Pétain-Goering

1942

19 février	– Ouverture du procès de Riom (suspendu le 15 avril)
18 avril	– Laval chef du Gouvernement
6 mai	– Darquier De Pellepoix commissaire aux questions juives
29 mai	– Port de l'étoile jaune
22 juin	– La « Relève »
	– Laval proclame « je souhaite la victoire de l'Allemagne »
3 juillet	– « Accords Bousquet-Oberg »
16-17 juillet	– Grande rafle du « Val d'Hiv »
4 septembre	– Création du STO
18 novembre	– Pétain cède les pouvoirs à Laval
19 décembre	– Rencontre Laval-Hitler

1943

1er janvier	– Fermeture de l'école de cadres d'Uriage et démantèlement des Chantiers de jeunesse
24 janvier	– Représailles allemandes à Marseille
31 janvier	– Création de la Milice À partir de cette date, les représailles contre les Juifs français et leur livraison aux Allemands se multiplient.
16 février	– 2e loi sur le STO
5 avril	– Blum, Daladier, Reynaud, Gamelin et Mandel sont livrés aux Allemands
29 avril	– Rencontre Laval-Hitler
27 août	– Arrestations de Lebrun par les Allemands
30 décembre	– Darnand secrétaire d'État au « maintien de l'ordre »

1944

7 Janvier	– Henriot secrétaire d'État à la propagande
10 janvier	– Assassinat de Victor Basch
20 janvier	– Création des « Cours martiales contre le terrorisme »
16 mars	– Déat au gouvernement
26 mars	– Écrasement du maquis des Glières par la Milice et les Allemands
27 mars	– Vichy autorise les Français à s'engager dans les Waffen SS
26 avril	– Pétain à Paris
8 juin	– Massacre de Tulle
10 juin	– Massacre d'Oradour-sur Glane
20 juin	– Assassinat de Jean Zay
28 juin	– Henriot exécuté par la Résistance
7 juillet	– Assassinat de Mandel
Fin juillet	– Écrasement du maquis du Vercors
20 août	– Les Vichystes à Belfort
7 septembre	– Les Vichystes à Sigmaringen

La France combattante

1940

18 juin	– Appel de De Gaulle à la « résistance »
20 juin	– Début du ralliement des comptoirs de l'Inde
22 juillet	– Début du ralliement de l'Océanie
7 août	– Accord De Gaulle-Churchill pour l'équipement des Forces Françaises Libres .

26 août – Début du ralliement de l'Afrique Équatoriale Française
27 août – Ralliement du Cameroun
23 septembre – Échec à Dakar
20 octobre – Jean Moulin arrive à Londres
27 octobre – Création du Conseil de défense de l'Empire
Fin 1940 – Apparition des premiers mouvements de résistance intérieure
9 novembre – Ralliement du Gabon
11 novembre – Manifestations étudiantes devant l'Arc de Triomphe à Paris

1941

28 janvier – Arrestations des membres du réseau « Musée de l'Homme »
1er mars – Prise de Koufra par Leclerc
15 mai – Création du « Front national de lutte pour l'indépendance de la France » par les communistes
8 juin – Pénétration gaulliste en Syrie et au Liban
21 juin – Attaque allemande contre l'URSS. Le PC s'engage en bloc aux côtés de la Résistance
14 juillet – Armistice entre Gaullistes et Vichystes en Syrie
21 août – Le « colonel Fabien » abat un Allemand dans le métro de Paris
29 août – Exécution de d'Estienne d'Orves
24 septembre – Création du Comité national des Français Libres
27 septembre – Indépendance de la Syrie
27 novembre – Indépendance du Liban

1942

1er janvier – Parachutage de Jean Moulin
janvier – Organisation des Francs Tireurs et Partisans Français (FTPF)
17 avril – Évasion de Giraud
27 avril – Bir Hakeim
14 juillet – La « France Libre » prend le nom de « France Combattante ».
23 août – Monseigneur Saliège, à Toulouse, proclame : « les juifs sont des hommes (...), ils sont nos frères »
8 novembre – Débarquement allié en Afrique du Nord (Opération Torch)
19 novembre – L'armée française d'Afrique engagée contre l'Axe en Tunisie
24 décembre – Exécution de Darlan par la Résistance
26 décembre – Giraud commandant civil et militaire en Afrique. Exécution de Bonnier De La Chapelle.

1943

Janvier – Entrevues d'Anfa
26 janvier – Création des MUR (Mouvements Unis de Résistance)

Mars	– Démantèlement de la législation vichyste en Afrique
27 mai	– Première séance du Conseil national de la Résistance (CNR)
30 mai	– De Gaulle s'installe à Alger
3 juin	– Création du Comité Français de Libération Nationale (CFLN)
9 Juin	– Arrestation de Jean Moulin torturé par Klaus Barbie
8 Juillet (?)	– Mort de Jean Moulin
8 août	– Bidault président du CNR
26 août	– Les Alliés reconnaissent le CFLN
13 septembre	– Débarquement français en Corse
17 septembre	– Création de l'Assemblée Consultative d'Alger
Novembre	– Débarquement du Corps Expéditionnaire de Juin en Italie

1944

30 janvier	– Discours de Brazzaville
15 mars	– Programme du CNR
20 mars	– Exécution de Pucheu
9 avril	– Giraud écarté du commandement militaire
15 avril	– Victoire de Monte Cassino à forte participation française
3 juin	– Création du Gouvernement Provisoire de la République Française (GPRF)
6 juin	– Débarquement des Alliés en Normandie
14 juin	– De Gaulle en Normandie
17 juin	– Débarquement français sur l'Ile d'Elbe
15 août	– Débarquement en Provence (Anvil-Dragoon)
25 août	– Libération de Paris par la IIe DB commandée par le Général Leclerc
27 août	– Libération de Toulon par la Ire Armée
12 septembre	– Jonction des troupes d'Overlord et d'Anvil en Bourgogne
23 septembre	– Les Alliés reconnaissent le GPRF
19 novembre	– Les Français sur le Rhin
23 novembre	– Libération de Strasbourg

1945

2 février	– Libération de Colmar
31 mars	– La Ire Armée franchit le Rhin
20 avril	– La Ire Armée prend Stuttgart
5 mai	– La IIe DB prend Berchtesgaden, « Nid d'Aigle » d'Hitler
8 Mai	– De Lattre signe la capitulation allemande à Berlin

GLOSSAIRE

Pour toute définition complémentaire, le lecteur se reportera utilement au *Dictionnaire d'Histoire et de Géographie – Terminale* de Christian Hocq, éditions Ellipses, 1997.

- **Abwehr** : Service de renseignements allemand.
- **Ausweis** : Document nécessaire au franchissement de la Ligne de démarcation.
- **Blitzkrieg** : « Guerre-éclair », combinant le char et l'avion. Permet les succès allemands en 1940 et 1941.
- **DCA** : « Défense Contre Avions ». Canons à longue portée destinés à abattre les appareils ennemis.
- **Gauleiter** : Gouverneur d'un « Gau », d'une « province » du IIIe Reich.
- **Kriegsmarine** : Marine de guerre allemande.
- **Ligne Maginot** : Ligne fortifiée construite dans les années 1930 sur la frontière franco-allemande, de Bâle au Luxembourg.
- **Ligne Siegfried** : Équivalent de la ligne Maginot, du côté allemand.
- **Luftwaffe** : Armée de l'Air allemande.
- **LVF** : Légion des Volontaires Français, organisme privé, recrutant pour envoyer des Français sur le front russe, sous l'uniforme allemand.
- « **Malgré Nous** » : Alsaciens et Mosellans, toujours officiellement de nationalité (et en général de cœur) française, envoyés dans l'armée allemande après août 1942.
- **Oflag** : Camps d'officiers prisonniers en Allemagne.
- **Panzer divisionen** : Divisions motorisés allemandes (Panzer = char).

• **Prêt Bail** : (ou « lend lease ») ; loi américaine du 11 mars 1941 permettant de céder (en général sans payer) du matériel militaire à la Grande-Bretagne et à l'URSS.

• **RAF** : Royal Air Force, armée de l'Air britannique.

• **Stalag** : Camp d'hommes du rang et de sous-officiers prisonniers en Allemagne.

• **Stukas** : Chasseurs bombardiers allemands, munis de sirènes pour terroriser les populations civiles, qu'ils attaquent en piqué.

• **U. Boote** : Sous-marins allemands.

• **Waffen SS** : Unités de SS combattant au front en compagnie de la Wehrmacht.

• **Wehrmacht** : Armée de terre allemande.

BIOGRAPHIES

Abetz (Otto) : Né en 1903, organise des rencontre franco-allemandes de jeunes dans les années 1930. Ambassadeur du Reich à Paris en août 1940, principal interlocuteur de Darlan et Laval. Finance et organise toute la vie intellectuelle et artistique des Collaborateurs parisiens. Condamné à 20 ans de prison en France en 1949, gracié en 1954. Meurt en 1958.

Bidault (Georges) : Né en 1899, professeur d'histoire. Entré dans la Résistance, président du CNR à la mort de Moulin, membre du GPRF en 1944. Fondateur du MRP. Président du Conseil en 1946 et 1949. Meurt en 1983.

Brasillach (Robert) : Né en 1909, critique littéraire dans le journal « Action Française », et romancier. Rédacteur en chef de « Je suis partout » jusqu'en 1943. Exécuté le 6 janvier 1945.

De Brinon (Fernand) : Né en 1885, partisan d'un rapprochement franco-allemand dès 1920. Fondateur du « Comité France-Allemagne » en 1935. Délégué de Vichy auprès des autorités d'occupation à Paris. Dirige le Comité gouvernemental à Sigmaringen. Exécuté le 15 juin 1947.

Brossolette (Pierre) : Né en 1902, militant socialiste. Résistant de la première heure, est arrêté en 1943 et se suicide pour ne pas parler (22 mars).

Chaban-Delmas (Jacques) : Né en 1915. Général dans la Résistance, proche de De Gaulle. Plusieurs fois ministre, maire de Bordeaux, et premier ministre de 1969 à 1972.

Chautemps (Camille) : Né en 1885, député radical-socialiste en 1919. Ministre dans les années 1920. Dignitaire franc-maçon. Président du Conseil en 1933 et 1937. Favorable à l'armistice, membre du gouvernement Pétain. Démissionne en juillet 1940. Meurt en 1963.

Daladier (Édouard) : Né en 1884, professeur d'histoire, député radical-socialiste en 1919, ministre en 1924. Président du Conseil en 1933, et le 11 avril 1938. Signe les accords de Munich, déclare la guerre le 3 septembre 1939. Démissionne le 20 mars 1940. Arrêté par Vichy en septembre, traduit devant la cour de Riom en 1942, déporté en 1943. Décédé en 1970.

Darlan (François) : Né en 1881. Amiral de la flotte en 1939. Vice-président du Conseil en 1941. Assassiné à Alger le 24 décembre 1942.

Darnand (Joseph) : Né en 1897, héros de la Première guerre mondiale. Militant d'Action Française, puis de la Cagoule. Chef de la Légion de Nice en 1940, créateur du SOL puis de la Milice. Membre du comité directeur de la LVF. Waffen SS. Secrétaire d'État au maintien de l'ordre en décembre 1943. Réfugié à Sigmaringen, arrêté en Italie, et exécuté en octobre 1945.

Déat (Marcel) : Né en 1894, professeur de philosophie, député socialiste en 1926. Fonde le « Parti Socialiste de France » en 1933. Ministre en 1936. Publie en 1939 le fameux « Mourir pour Dantzig ? » Dirige « L'Œuvre » en 1940, fonde le RNP en 1941. Secrétaire d'État au travail en mars 1944. Réfugié à Sigmaringen. Se cache en Italie où il meurt en 1955.

Doriot (Jacques) : Né en 1898. Ouvrier métallurgiste, militant communiste, député en 1924. Fonde le PPF en 1936. Un des créateurs de la LVF où il se bat réellement. Au Comité de Sigmaringen. Meurt le 22 février 1945 sous les balles d'un avion non identifié.

Drieu La Rochelle (Pierre) : Né en 1893, écrivain qui passe au fascisme dans les années 30. Membre du PPF. Directeur de « la Nouvelle revue française » de 1941 à 1943. Se suicide en mars 1945.

Eboué (Félix) : Né en 1884. Noir guyanais, gouverneur du Tchad en 1938, rallie le territoire à De Gaulle. Gouverneur de l'AEF (Afrique Équatoriale Française) en 1940. Meurt en 1944.

Flandin (Pierre-Étienne) : Né en 1889, député de centre droit en 1914, ministre de 1930 à 32. Président du Conseil en 1934. Munichois en 1938. Ministre des Affaires Étrangères en décembre 1940, démissionne en février 1941. Acquitté en 1946, décédé en 1958.

Gamelin (Maurice) : Né en 1872, généralissime en 1939, surpris par le plan d'attaque allemand. Remplacé le 19 mai 1940, interné par Vichy en septembre, jugé à Riom, déporté en 1943. Décédé en 1958.

De Gaulle (Charles) : Né en 1890 à Lille. Officier en 1912, prisonnier en 1916. Protégé par Pétain dans les années 20. Publie plusieurs ouvrages mal perçus dans les années 1930. Brouillé avec Pétain à cause de « La France et son armée » en 1938. Plaide pour la création de divisions blindées. Lutte à la tête de chars en mai 1940, sous-secrétaire d'État à la défense nationale le 6 juin dans le gouvernement Reynaud. À Londres le 17 juin, lance « l'Appel du 18 juin ». Crée la « France Libre » et l'impose aux Alliés. Président du CFLN puis du GPRF. Au pouvoir jusqu'au 20 janvier 1946. Président de la République en 1958, démissionne le 28 avril 1969 et meurt à Colombey-les-deux-églises le 9 novembre 1970.

Giraud (Henri) : Né en 1879, officier en 1900, général en 1930. Essaie d'arrêter les Allemands sur la Meuse, prisonnier le 18 mai. Évadé en avril 1942 de la forteresse de Königstein. Dirige l'Afrique du Nord en décembre 1942. Éliminé du pouvoir par De Gaulle, puis du commandement militaire le 8 avril 1944. Meurt en 1949.

Goering (Hermann) : Né en 1893, as de l'aviation allemande en 1918. Proche de Hitler, devient chef de la Luftwaffe. Rencontre plusieurs fois les hommes de Vichy. Condamné à mort à Nuremberg, se suicide le 15 octobre 1946.

Henriot (Philippe) : Né en 1889, député de droite en 1932. Secrétaire d'État à l'information en janvier 1944. Animateur radio pro-nazi très virulent, exécuté par la Résistance le 28 juin 1944.

Huntziger (Charles) : Né en 1880, Officier en 1900. À la tête de la IIe Armée en septembre 1939. Préside la délégation à Rethondes, ministre de la Guerre en novembre 1940. Meurt dans un accident d'avion le 12 décembre 1941.

Juin (Alphonse) : Né en 1888, camarade de promotion de De Gaulle à Saint-Cyr, un des rares à le tutoyer. Défend Lille en 1940, prisonnier. Libéré en juin 1941 à la demande de Pétain. Commandant en chef en Afrique du Nord en novembre 1941. Passé au service des Alliés, participe aux campagnes de Tunisie et d'Italie. Maréchal en 1952, meurt en 1967.

Keitel (Wilhelm) : Né en 1882, feld-maréchal. Chef suprême de la Wehrmacht en 1938. Signe la capitulation allemande, condamné à mort à Nuremberg, pendu le 16 octobre 1946.

Koenig (Pierre) : Né en 1898, rallié à De Gaulle dès 1940. Héros de Bir Hakeim en 1942, commandant des FFI en 1944, gouverneur militaire de Paris en 1945. Député en 1951, ministre de la défense en 1954 et 1955. Meurt en 1970.

De Lattre (Jean) : Né en 1889, capitaine en 1918, général en 1939. Commandant en Tunisie en 1941, à Montpellier en 1942. Essaie de résister lors de l'invasion de la zone libre. Emprisonné, évadé. À la tête de la Ie Armée. En Indochine en 1950. Meurt en 1952, Maréchal de France.

Laval (Pierre) : Né en Auvergne dans un milieu modeste en 1883. Avocat en 1907, député socialiste en 1914. Sénateur en 1927. Plusieurs fois ministre, président du Conseil en 1931 et 1935. Vice-président du Conseil en juillet 1940, artisan du régime du Vichy. Apôtre de la Collaboration, au pouvoir d'avril 1942 à 1944. À Sigmaringen, puis en Espagne en mai 1945. Livré à la France le 1er août, condamné à mort le 9 octobre. Tente de s'empoisonner et est fusillé le 15 octobre 1945.

Leahy (William) : Né en 1875, amiral. Ambassadeur des États-Unis à Vichy jusqu'en juin 1942. Meurt en 1959.

Lebrun (Albert) : Né en 1871, député modéré en 1900, plusieurs fois ministre, président du Sénat en 1931. Président de la République le 10 mai 1932, réélu en mai 1939. Vit à Vizille après 1940, déporté en 1944. Meurt en 1950.

Leclerc : De son vrai nom Jacques Philippe de Hautecloque. Né en 1902. Colonel en 1940, rejoint Londres le 22 juillet. Chef de la IIe DB. En Indochine en août 1945. Meurt dans un accident d'avion le 28 novembre 1947. Maréchal à titre posthume.

Malraux (André) : Né en 1901. Écrivain qui reçoit le Prix Goncourt en 1933 pour « La condition humaine ». Engagé à gauche, participe à la guerre d'Espagne du côté républicain. Réfugié dans le Sud-Ouest il devient chef de maquis, est blessé et capturé à Gramat. Évadé de la prison de Toulouse, il prend la tête d'une troupe « parallèle », la « Brigade Alsace-Lorraine », sous le nom de « Colonel Berger ». Les Alsaciens participent ainsi à la libération de leur région. Malraux devient ministre en 1945, ministre de la culture de 1959 à 1969. Il meurt le 22 novembre 1976.

Mandel (Louis) : Né en 1885. Collaborateur de Clémenceau, député en 1919, ministre dans les années 30. Ministre de l'Intérieur en juin 1940, fait preuve d'énergie. Essaie de soulever le Maroc en descendant du Massilia. Emprisonné par Vichy, il est assassiné par la Milice le 7 juillet 1944, en représailles de la mort de Henriot.

Maurras (Charles) : Né en 1868, écrivain et journaliste. Grand adversaire de Dreyfus, partisan du « nationalisme intégral », membre de l'Action Française, directeur du journal du même nom. Inspirateur de nombreux intellectuels fascisants des années 30. À l'Académie Française en 1938. Vichy est pour lui la « divine surprise ». Il se déchaîne contre la démocratie, les Juifs... Condamné à la réclusion perpétuelle en 1945, gracié en 1952. Meurt le 16 novembre 1952.

Mendès-France (Pierre) : Né en 1907, député radical-socialiste en 1932. Sous-secrétaire d'État au Trésor en 1938. Arrêté au Maroc après avoir voyagé sur le Massilia. Évadé, à Londres en février 1942. Membre du GPRF, représente la France à la conférence de Bretton-Woods. Démissionne le 5 avril 1945. Président du Conseil du 17 juin 1954 au 6 février 1955. Meurt en 1982.

Monnet (Jean) : Né en 1888, secrétaire général adjoint de la SDN de 1919 à 1923. Au service de De Gaulle à Londres, mais sait prendre ses distances avec le Général. Membre du CFLN. Commissaire au Plan en 1946, puis un des « Pères de l'Europe ». Décédé en 1979.

Moulin (Jean) : Né en 1899, sous préfet en 1926, préfet de Chartres en 1940. Unificateur de la Résistance, fondateur du CNR. Meurt en 1943, entre les mains de la Gestapo.

Pétain (Henri-Philippe) : Né en 1856, mène une modeste carrière d'officier à la fin du XIXe siècle. Colonel à la veille de la retraite en 1914. Est considéré comme « vainqueur de Verdun », en raison de ses qualités d'organisateur. Maîtrise les mutineries de 1917, ayant succédé à Nivelle comme commandant en chef. Sa prudence étant jugée excessive, c'est Foch qui devient généralissime en mars 1918. Pétain devient maréchal en novembre 1918, entre à l'Académie Française en 1929, est ministre de la guerre en 1934. Ambassadeur en Espagne en 1939, il devient vice-président du Conseil en mai 1940 et constitue son cabinet le 16 juin. Créateur du l'État Français, il se laisse dépouiller de ses pouvoirs, jusqu'à son enlèvement pour Sigmaringen. Il se livre volontairement aux autorités françaises et est condamné à mort en août 1945. Gracié par De Gaulle, il est assigné à résidence à l'Île d'Yeu, avec sa femme et une domestique. Il y meurt le 23 juillet 1951.

Pleven (René) : Né en 1901. À Londres dès juillet 1940. Membre du GPRF. Plusieurs fois ministre jusqu'en 1973. Meurt en 1993.

Pucheu (Pierre) : Né en 1899, membre du PPF, entre dans le gouvernement Darlan à la Production Industrielle. Secrétaire d'État à l'Intérieur le 18 juillet 1941. Compromis dans les fusillades d'otages, notamment celle de Chateaubriant. Se rend en Afrique du Nord pour servir Giraud. Arrêté à la demande des Gaullistes, fusillé le 20 mars 1944, il est considéré comme le premier frappé par l'Épuration.

Rebatet (Lucien) : Né en 1903. Journaliste, entre à « Je suis partout » en 1933. Publie en 1942 son livre « Les Décombres ». Réfugié en Allemagne, condamné à mort en 1945, gracié en 1952. Meurt en 1972.

Reynaud (Paul) : Né en 1878, député en 1919. Ministre dans les années 1930. Adversaire du Front Populaire, ministre des finances en 1938. Président du Conseil le 21 mars 1940. Arrêté en septembre 1940, jugé à Riom, déporté en 1942. Mène une vie politique jusqu'en 1960, meurt en 1966.

Rommel (Erwin) : Né en 1891. Un des artisans de la réussite du Plan Manstein. Commande l'Afrika Korps en février 1941. Son habileté lui fait donner le surnom de « Renard du désert ». Maréchal en 1942. Commande les troupes faisant face à un éventuel débarquement allié, mais est blessé le 17 juillet 1944. Est obligé de se suicider pour avoir participé au complot contre Hitler, le 14 octobre 1944.

Schumann (Maurice) : Né en 1911, porte-parole de la France Libre. Député en 1945, puis ministre. Membre de l'Académie Française. Meurt en 1998.

Weygand (Maxime) : Né en 1867, de parents de haute lignée probable mais restés mystérieux. Chef d'état-major de Foch de 1914 à 1918. À la retraite en 1935, généralissime le 19 mai 1940. Prêche l'armistice. Ministre de la Défense de juin à septembre 1940, commandant en chef en Afrique du Nord en 1941. Déporté en Allemagne en 1942. Obtient un non lieu en 1948. À l'Académie Française depuis 1931. Meurt en 1965.

BIBLIOGRAPHIE

- Amouroux (Henri) : – *La grande histoire des Français sous l'Occupation* (10 t.) Laffont.
  – *Pour en finir avec Vichy*, Laffont 1997.
- Aron (Robert) : – *Histoire de Vichy,* Fayard 1954.
- Assouline (Pierre) : – *L'épuration des intellectuels*, Complexe 1996.
- Aubrac (Lucie) : – *Ils partiront dans l'ivresse*, Seuil 1984.
- Baruch (Marc Olivier) : – *Le régime de Vichy*, Repères 1996.
  – *Servir l'État Français*, Fayard 1997.
- Bechtel (Guy) : – *Laval, vingt ans après*, Laffont 1963.
- Bloch-Laine/Grusson : – *Hauts fonctionnaires sous l'Occupation*, 0. Jacob 1996.
- Bruge (Roger) : – *Le temps des massacres*, A. Michel 1994.
- Cointet (J. Paul) : – *Légion française des combattants,* A. Michel 1995.
  – *Histoire de Vichy*, Plan 1996.
- Cointet (Michèle) : – *Vichy capitale*, Perrin 1993.
- Couteau-Bégarie/Huan : – *Darlan*, Fayard 1989.
- Chandelier (Pierre) : – *La défaite de 1940 et l'armistice*, Lettre du monde 1996.
- Crémieux-Brilhac (J. Louis) : – *La France Libre*, Gallimard 1996.
- Delpha (François) : – *Montoire*, A. Michel 1996.
- Destrem (Maja) : – *L'aventure de Leclerc*, Fayard 1984.
- Dreyfus (Paul) : – *Vercors, citadelle de la liberté*, Arthaud 1969.
- Durand (Yves) : – *La France dans la Deuxième guerre mondiale*, Colin 1989.
- Giolitto (Pierre) : – *Histoire de la Milice*, Perrin 1997.
- Guichard (J. Pierre) : – *L'appel au père : de Clémenceau à De Gaulle*, Lettres du monde 1992.
- Handourtzel (Rémy) : – *Vichy et l'école*, Noesis 1997.
- Hocq (Christian) : – *Dictionnaire d'histoire et de géographie*, Ellipses 1997.
- Juin (Maréchal) : – *Mémoires*, Fayard 1959.

- Kaspi (André) : – *La libération de la France,* Perrin 1995.
- Lacouture (Jean) : – *De Gaulle*, t. 1, Seuil 1984.
- De Lattre (Maréchal) : – *Histoire de la Première Armée française*, Presses de la Cité 1949.
- Levy/Tillard : – *La grande rafle du Vel d'Hiv*, Laffont 1962.
- Loiseaux (Gérard) : – *La littérature de la défaite et de l'Occupation*, Fayard 1995.
- Lottman (Herbert) : – *Pétain*, Seuil 1984.
- Michel (Henri) : – *Histoire de la Résistance en France*, Que sais-je n° 49, PUF 1962.
- Milza (Pierre) : – *Fascisme français*, Flammarion 1987.
- Miquel (Pierre) : – *Les quatre-vingt*, Fayard 1995.
  – *La Seconde Guerre mondiale*, Fayard 1986.
- Ory (Pascal) : – *Les Collaborateurs*, Seuil 1976.
- Paxton (Robert O) : – *La France de Vichy*, Seuil 1973.
- Poznanski (Renée) : – *Les Juifs en France pendant la Deuxième guerre mondiale,* Hachette 1994.
- Rajsfus (Maurice) : – *Les Français de la débâcle*, Cherche Midi 1997.
  – *Drancy*, Manya 1991.
- Vanino (Maurice) : – *De Rethondes à l'Île d'Yeu*, Créator 1952.
- Venner (Dominique) : – *Histoire critique de la Résistance*, Pygmalion 1995.
- Villelume (Paul de) : – *Journal d'une défaite*, Fayard 1976.

TABLE DES MATIÈRES

Imprimé en France
par MAME Imprimeurs à Tours
Dépôt légal Juin 1998 (N° 98052151)